DANS LA PEAU D'UNE DJIHADISTE

ANNA ERELLE

DANS LA PEAU
D'UNE DJIHADISTE

Enquête au cœur des filières de recrutement
de l'État islamique

ROBERT LAFFONT

ISBN 978-2-221-15685-8

À Éric et Noël
À Pauline et Jérôme...

«Ce n'est que par un mouvement volontaire de modération de nos passions, sereine et acceptée par nous, que l'humanité peut s'élever au-dessus du courant de matérialisme qui emprisonne le monde. Quand bien même nous serait épargné d'être détruits par la guerre, notre vie doit changer si elle ne veut pas périr par sa propre faute.»

Alexandre Soljénitsyne,
Ultimatum pour un changement profond

Les faits suivants se sont déroulés au printemps 2014, deux mois avant la prise de Mossoul, deuxième ville d'Irak, par l'État islamique, et l'autoproclamation d'un califat par son leader Abou Bakr al-Baghdadi.

— Écoute-moi ! Je t'aime comme je n'ai jamais aimé personne. Je ne peux pas t'imaginer un jour de plus loin de moi, au milieu de tout ce vice qui t'entoure. Je te protégerai. Je t'écarterai de tous les démons du monde. Quand tu me retrouveras, tu t'émerveilleras par toi-même de ce paradis. De ce pays, que moi et mes hommes reconstruisons. Ici, les gens s'aiment et se respectent. Nous ne formons qu'une grande famille, où tu as déjà ta place : tout le monde t'attend ! Si tu savais comme les femmes sont heureuses auprès de nous. Avant elles étaient comme toi. Perdues. L'épouse d'un de mes amis t'a préparé tout un programme pour ton arrivée. Quand tu auras fini tes cours de tir, elle t'emmènera dans un très beau magasin, le seul du pays où l'on vende du tissu de qualité. Je paierai tout pour toi. Tu te créeras ton petit monde avec tes nouvelles copines. Comme j'ai hâte que tu arrives. Mélodie, ma femme ! Dépêche-toi, je t'attends.

Devant son écran d'ordinateur, Mélodie écarquille les yeux. Cet homme fort, de dix-huit ans son aîné, elle l'admire. Elle ne l'a jamais vu autrement que via Skype, mais elle l'aime déjà. De sa voix frêle, aux inflexions encore enfantines, Mélodie murmure :

— Tu m'aimes vraiment ?

— Je t'aime pour et devant Allah. Tu es mon joyau, et l'État islamique est ta maison. Ensemble, on va inscrire nos noms dans l'histoire en bâtissant pierre par pierre un monde meilleur où les *kouffar*[1] n'auront pas droit d'entrée. Je t'ai trouvé un appartement immense ! Si tu viens avec des amies, je t'en choisirai un plus grand encore. Tu t'occuperas des orphelins et des blessés la journée, pendant que je serai au combat. Le soir on se retrouvera... Inch'Allah.

Mélodie se sent aimée. Elle se sent utile. Elle cherchait un sens à sa vie : elle l'a trouvé.

---

1. Les infidèles, en arabe. Toutes les notes sont de l'auteur.

Paris, dix jours plus tôt

Ce vendredi soir, je quitte contrariée l'une des rédactions pour lesquelles je pige. Un courrier d'avocat parvenu au journal m'interdit la parution d'un article consacré à une jeune djihadiste. Je viens pourtant de passer deux jours en Belgique avec sa mère, Samira. Il y a un an, sa fille a fugué en Syrie pour retrouver Tarik, l'homme de sa vie, fanatique dévoué à la cause de l'organisation État islamique (EI). Folle amoureuse, folle inconsciente aussi, Leila[1] voulait vivre auprès de son grand amour. Samira a eu un regain d'espoir en apprenant la mort de celui qu'elle était forcée de considérer comme son gendre. Une balle en plein cœur venait d'avoir raison de ses vingt et un printemps. Tarik décédé, Samira ne voyait aucune raison que sa fille prolonge son séjour dans un pays tragiquement à feu et à sang. Mais Leila est demeurée intraitable : désormais, elle appartenait à

_____
1. Le prénom a été modifié.

cette terre sacrée et comptait bien ajouter sa pierre à l'édifice en luttant pour créer un État religieux au Levant. Avec ou sans son mari. Tarik était émir[1], alors on s'occupait bien de sa veuve. On lui témoignait un profond respect. Si bien que Leila a retourné la question à sa mère :

— Pourquoi devrais-je rentrer ?

La presse locale s'est emparée de l'histoire. Elle a comparé la jeune djihadiste de dix-huit ans à la veuve noire, haute figure du terrorisme international et épouse de l'assassin du commandant Massoud[2]. La réponse de Samira ne s'est pas fait attendre, proportionnelle à l'amour qu'elle porte à sa fille. Mais elle s'attelait à un défi immense. Non seulement il lui fallait parvenir à rapatrier Leila en Belgique, mais elle devrait aussi prouver aux autorités que sa fille séjournait dans le pays le plus dangereux au monde dans un but humanitaire. Sinon, elle serait considérée comme une menace à la sécurité intérieure et envoyée en prison avant, peut-être, d'être interdite de séjour dans sa propre patrie.

C'est à ce moment que ma route croise celle de Samira. Le journalisme mène à tout, et parfois à la détresse d'une mère. Dépassée, Samira s'est tournée

---

1. Titre de noblesse utilisé dans l'ensemble du monde musulman. L'État islamique, qui est une organisation terroriste hautement hiérarchisée, grade ses fidèles. Un émir a en général gagné ses galons par sa détermination, sa force, ou sa foi qu'il prêche envers et contre tout. C'est l'un des titres honorifiques les plus prestigieux au sein de l'organisation.

2. Connu pour sa lutte contre l'occupation soviétique de l'Afghanistan, Massoud aurait pu prendre la tête de la coalition anti-talibans s'il n'avait été assassiné le 9 septembre 2001, à deux jours des attentats contre le World Trade Center.

16

vers Dimitri Bontinck, un ancien militaire des forces spéciales belges, devenu célèbre pour avoir réussi à rapatrier son fils de Syrie. Dimitri incarne l'espoir pour toutes ces familles européennes qui se sont réveillées un matin face à cette brutale réalité : le djihad peut aussi concerner un adolescent insoupçonnable, le leur. Depuis, Dimitri, hyperactif et surtout hyper tête brûlée, continue ses missions-suicides pour sauver d'autres adolescents ou, au moins, dénicher quelques informations concrètes susceptibles d'aider leurs familles. Conscient du risque qu'encourt Leila affublée de cette réputation de « nouvelle veuve noire », il m'a demandé de rencontrer sa mère. Je suis journaliste, férue de géopolitique, mais loin d'être une experte. En revanche, j'ai toujours nourri un intérêt certain pour tout ce qui a trait aux comportements erratiques. Peu importe leur origine : la religion, la nationalité ou le milieu social, la faille qui a créé le basculement mortifère de ces destins me fascine. Ça peut être la drogue, la délinquance, la marginalité... J'ai en parallèle beaucoup travaillé sur les dérives de l'islam radical ces dernières années. Depuis un an, j'étudie particulièrement les mœurs de certains djihadistes européens de l'État islamique. Même si les cas, qui se succèdent, se ressemblent, je cherche à comprendre chaque fois quelle entaille les a atteints suffisamment profondément pour qu'ils s'approprient cette cause, jusqu'à tout quitter pour partir donner et braver la mort.

À cette époque, Dimitri et moi travaillons à l'écriture d'un livre relatant ses neuf mois d'horreur à la recherche de son fils. Nous frappons beaucoup aux portes de familles européennes confrontées au même calvaire que lui. De mon côté, je cherche à multiplier ces entretiens. Si je perçois très bien l'impact de la propagande numérique sur ces nouveaux soldats de Dieu, je ne m'explique toujours pas le passage à l'acte. Tout quitter ? Son passé, ses parents ? En quelques semaines, rayer de sa vie une vie tout entière, avec la conviction qu'il ne faut pas se retourner. Jamais. Fouler de mes pas leur chambre, que père et mère ont généralement laissée en l'état, me glace chaque fois le sang. Je pénètre une intimité qui n'est pas mienne dans ces pièces devenues le sanctuaire d'une vie oubliée. Comme si leurs reliques d'adolescents étaient la dernière preuve de leur existence. Celle de Leila semble figée, prisonnière d'une époque révolue. Des photos de sa vie « normale » s'étalent un peu partout. On la voit en débardeur, maquillée, chez des amis, au café. Des images d'Épinal bien éloignées de la nouvelle Leila en burqa intégrale, kalachnikov au bras. Après avoir longuement écouté Samira, je poursuis mon enquête, qui confirme certains de ses dires, et j'écris l'article. Encore un sur ce thème qui se banalise dramatiquement ces derniers mois. Mais il ne paraîtra pas. Leila est entrée dans une colère noire quand sa mère l'a prévenue de notre entretien. Elle l'a menacée de couper les ponts : « Si tu parles de moi à la presse, non seulement je ne rentrerai pas, mais tu n'auras plus jamais de mes nouvelles. Tu ne sauras pas si je suis morte ou vivante », me rapporte Samira en pleurs, complètement paniquée. Le problème présenté sous cet angle, je ne fais pas le poids. Dans l'absolu, je pourrais quand même sortir mon papier :

l'affaire est publique et largement relayée en Belgique. Mais à quoi bon ? Des histoires comme celle-ci, il en pleut tristement chaque semaine. Je connais la détermination de ces jeunes qui croient avoir embrassé la foi. Toute la journée, on leur martèle d'oublier leur famille de « mécréants » et d'ouvrir les bras à leurs nouveaux frères. Sur le chemin de cette quête, les « infidèles », qu'ils s'appellent papa ou maman, ne représentent plus que des obstacles à leurs yeux.

Ce n'est pas la faute de Leila, elle croit sincèrement protéger sa mère en lui dictant sa conduite. Seule chez moi, je m'énerve sur les méthodes de prosélytisme utilisées par les brigades islamistes. Je cherche des vidéos de Tarik vivant, ingurgitant un nombre incalculable de films de propagande sur YouTube. Quand le langage utilisé n'est ni le français ni l'anglais, je coupe le son. Je n'en peux plus de ces chants, qui, c'est vrai, vous montent à la tête et vous abrutissent. Ils sont toutefois plus supportables que les images de torture et de cadavres calcinés sous le soleil. J'erre dans les méandres des réseaux francophones de ces moudjahidines, et je suis toujours aussi sidérée du contraste entre le son et l'image. Les rires juvéniles qui viennent commenter des images insoutenables d'horreur ajoutent à l'insupportable. Cela fait près d'un an que je vois croître ce phénomène. De nombreux adolescents détiennent un second compte Facebook, sous une fausse identité. Ils vivent de manière irréprochable avec leur famille, mais une fois seuls dans leur chambre, ils s'envolent dans cet autre monde virtuel, désormais leur, qu'ils prennent pour le réel. Certains, sans se rendre compte de la portée et de la gravité des messages qu'ils relaient, appellent au meurtre. D'autres encouragent au djihad. Les filles partagent beaucoup de liens sur les enfants gazaouis, exposant notamment la souffrance des plus petits. Les pseudonymes derrière lesquels elles se cachent commencent tous par *Umm*, « maman » en arabe.

Les réseaux sociaux recèlent des informations précieuses si l'on sait où chercher. Dans ce but, comme beaucoup d'autres journalistes, je détiens également un compte fictif, créé il y a plusieurs années. Il me sert à observer certains phénomènes d'actualité. Je communique en général très peu, ou du moins très brièvement, avec la centaine d'« amis » numériques, d'un peu partout dans le monde, qui composent ma liste. Sur ce deuxième compte, je m'appelle Mélodie. Les abonnés de ma page ne se présentent pas eux non plus sous leur véritable identité. Et c'est cet avatar, quand ils se pensent anonymes, qui en livre beaucoup sur les mœurs et l'attirance croissante de ces jeunes gens pour la propagande islamiste. Des heures durant, je scrute leur facilité à s'exprimer publiquement et librement sur leurs projets macabres ou simplement délirants. Bien sûr, tout cela contribue à enrichir le prosélytisme. Heureusement, tous les adolescents qui appellent au crime ne sont pas des meurtriers en devenir. Le djihad 2.0 n'est qu'une mode pour certains. Mais, pour d'autres, il représente la première étape de leur radicalisation.

Ruminant ma frustration de ne pouvoir publier mon article sur l'histoire de Leila et de Samira, je passe tout ce vendredi soir d'avril affalée sur mon canapé à zapper de compte en compte. Soudain, je reste scotchée devant la vidéo d'un djihadiste français qui doit avoir dans les trente-cinq ans. On dirait une mauvaise parodie des «Guignols de l'info». Je souris. Pourtant c'est à pleurer. Je ne suis pas fière de moi, mais il faut voir la scène : c'est absurde. Le dénommé Abou Bilel, en tenue militaire, réalise à l'intention de ses fans l'«inventaire» de son 4×4. Il prétend être en Syrie. Le décor autour de lui, un vrai no man's land, tend à le confirmer. Il brandit fièrement sa radio CB tout droit sortie des années 70. Elle lui sert à communiquer avec d'autres combattants lorsque les réseaux téléphoniques ne passent pas. Même si en réalité elle crachote plus qu'elle ne l'alerte. À l'arrière de son véhicule, son gilet pare-balles côtoie l'un de ses pistolets-mitrailleurs, un Uzi, l'arme historique de l'armée israélienne. Il exhibe une à une les suivantes dont «un M16 volé à un marine en Irak»... J'éclate de rire. J'apprendrai plus tard que c'est tout à fait plausible. De même que je comprendrai qu'Abou Bilel n'est pas si bête qu'il y paraît. Et, surtout, que les djihads, il les a multipliés un peu partout dans le monde ces quinze dernières années. Mais nous n'en sommes pas là. Pour le moment, le belligérant continue sa démonstration en dévoilant fièrement le contenu de sa boîte à gants. Une épaisse liasse de livres syriennes, des bonbons, un couteau. Enfin, il enlève ses lunettes Ray-Ban miroirs et laisse entrevoir des yeux noirs soulignés d'un trait de crayon sombre. Je sais que c'est une technique de guerre afghane pour éviter de pleurer à cause de la fumée. N'empêche, un terroriste maquillé comme je pourrais l'être, ça surprend, pour ne pas dire autre chose. Abou Bilel parle parfaitement français, avec un très léger accent que je devine algérien. Il affiche un grand sourire et une expression de contentement. Voire de plénitude lorsqu'il appelle à ce que quiconque vienne le rejoindre pour effectuer sa *hijra*[1].

Je partage sa vidéo. Je suis très discrète sur ce profil, mais, parfois, j'ai besoin d'imiter mes semblables numériques pour me faire une place dans leur monde. Je ne prône rien. Je n'incite pas. Je me contente de publier de temps à autre des liens d'articles relatant les frappes de l'armée de Bachar al-Assad, ou des vidéos comme celle-ci. Ma photo de profil est une image animée de la princesse Jasmine du film de Walt Disney. En couverture, j'ai téléchargé un slogan de propagande qui circule un peu partout : « Comme tu fais, on te fera. » La ville où j'habite change au gré de mes reportages – si j'en ai besoin. En ce moment, c'est Toulouse. Il faut dire que ces cinq dernières années, nombre d'enquêtes m'y ont menée. À commencer par l'affaire Mohammed Merah, en 2012. La cité des Izards, à la périphérie nord-est de la Ville rose, est une mine inépuisable d'informations. C'est l'un des quartiers où Merah a vécu, mais aussi une importante plaque tournante du trafic de shit.

Mais là, je suis à Paris, bredouille. Je désespère de trouver une manière approfondie de traiter ces cas

---

1. L'abandon de sa terre de mécréants (*kufr* en arabe) pour un pays islamiste.

de départs en Syrie. Je me doute que le lecteur est gavé par tant d'infos, tant de cas qui paraissent si tristement semblables les uns aux autres. De plus, la situation cauchemardesque du pays rend les choses difficiles à analyser. Chaque semaine, avec mes rédacteurs en chef, nous envisageons des angles différents. Pour aboutir au même constat : peu importe d'où vient le candidat au djihad, son milieu social, sa religion, son entourage, il se tourne vers la religion après l'échec ou le mal-être de trop, se radicalise, puis part en Syrie afin d'intégrer l'une des nombreuses brigades islamistes qui y prolifèrent. Oui, mais voilà, à force de travailler sur ces sujets, je me suis attachée à certaines familles et à l'histoire de leur enfant que je ne connais pas, et que je ne connaîtrai sans doute jamais. Sans compter ces «ados» que j'ai rencontrés autrefois, lors de reportages. Aujourd'hui, quand je les revois, ils me confient vouloir partir là-bas. «Là-bas»? Mais il y a quoi *là-bas* pour vous, je leur serine, à part provoquer la mort et devenir de la chair à canon ? J'obtiens à peu près toujours la même réponse : «Tu ne peux pas comprendre, Anna. Tu penses avec ta tête, nous avec notre cœur...». J'use de toutes mes forces. Je tente des comparaisons risquées sur l'Histoire qui se répète. L'Allemagne, pays si riche de culture, tombé entre les mains d'Hitler au siècle dernier. Puis l'explication simpliste et manichéenne du monde livrée par le prisme du communisme. Enfin, dans les années 70, une génération d'intellectuels prônant de manière acharnée la pensée de Mao, déclarant que toutes les vérités émanaient du *Petit Livre Rouge*. Mais peu importe les références que j'invoque, on se moque gentiment de moi de l'autre côté de l'ordinateur, m'expliquant que le rouge et le vert sont des couleurs bien différentes. Je ne faisais pourtant pas référence au Coran, qui n'a rien à voir avec l'idéologie fanatique.

Être journaliste en 2014 n'a plus rien de prestigieux dans l'opinion. Quand, en plus, on a des préférences pour le « sociétal », c'est que l'on aime vraiment ce métier. Si seulement je trouvais le moyen de traiter ce sujet autrement que sous la forme d'une succession de cas similaires... Je voudrais comprendre tous les ressorts de ce « djihad numérique » en enquêtant suffisamment longtemps pour creuser les racines de ce mal qui ronge de plus en plus de familles, quelles que soient leurs origines religieuses. Décortiquer, ici, la manière dont des gamins se laissent prendre au piège de cette propagande, et, là-bas, le clivage qui habite ces soldats prêts à torturer, à voler, à violer, à tuer et à mourir le jour, puis rivés à leur ordinateur le soir à vanter leurs « exploits » avec la maturité d'ados prépubères abreuvés de jeux vidéo.

J'en suis là de mes interrogations, entre découragement et refus de renoncer, quand mon ordinateur me signale que « Mélodie » vient de recevoir trois messages privés consécutifs d'un dénommé... Abou Bilel. La situation est surréaliste. Il est 22 heures, un vendredi soir de printemps, je suis assise sur mon canapé dans mon deux pièces parisien et, alors que je me demande comment poursuivre mes investigations sur ce sujet, un terroriste français basé en Syrie m'écrit. Les mots me manquent. À cet instant, la seule chose dont je suis sûre, c'est que je n'imaginais pas débuter mon week-end ainsi.

Le même soir

« *Salam aleykoum* ma sœur, je vois que tu as vu ma vidéo, elle a fait le tour du monde, c'est dingue ! Tu es musulmane ? »

« Que penses-tu des moudjahidines ? »

« Et dernière question : penses-tu venir en Syrie ? »

En voilà un qui va droit au but ! Je ne sais pas quoi faire. Je meurs d'envie de répondre, comprenant instantanément que parler avec ce djihadiste est peut-être une chance unique de me mener à une mine d'informations. Lorsque l'on se présente comme journaliste, il est difficile d'obtenir des réponses sincères, sans formatage. Il n'empêche, mon interlocuteur ne sait pas qui je suis. Demander une info via ce compte dans le cadre d'un reportage ne me dérange absolument pas. En revanche, l'éventualité d'entamer un échange avec quelqu'un qui ne sait pas qui je suis me pose un vrai problème d'éthique. Je prends cinq minutes pour réfléchir. Le temps de m'interroger sur son éthique à lui... et je réponds :

« *Maleykoum salam*. Je ne pensais pas qu'un djiha- diste me parlerait. PTDR. T'as pas autre chose à faire ? Je n'ai pas d'avis arrêté sur les combattants et puis ça dépend desquels. »

J'écris également que je suis convertie à l'islam, sans plus de détails. Je fais délibérément des fautes d'orthographe, et j'emploie au maximum un langage « djeun », les PTDR, MDR et autres LOL[1] qui émaillent leur correspondance. J'attends sa réponse, une boule au ventre. Pas par peur, mais parce que je n'y crois pas : cela m'apparaît trop gros pour être vrai. J'ai déjà interviewé des moudjahidines, mais ils n'avaient jamais plus de vingt ans, et leurs propos ne relayaient rien d'autre que le disque rayé de la propagande officielle. En attendant, je surfe sur d'autres pages. À peine trois minutes plus tard, mon ordinateur me signale l'arrivée d'un nouveau message.

« Si, bien sûr, j'ai plein de choses à faire ! Mais là, chez moi, il est 23 heures et les combats sont termi- nés. Tu as partagé ma vidéo, alors peut-être que tu as des questions à me poser... Je peux te dire tout ce qui se passe en Syrie, la seule et unique vérité : celle d'Allah. Pour parler, ce serait plus pratique d'avoir Skype. Je te donne le mien. »

Bilel est direct... et directif. Hors de question que je skype ! J'occulte sa proposition, nous reparlerons une autre fois. Là, Mélodie ne peut pas. Abou Bilel comprend, il ne veut surtout pas la déranger. Demain, dès qu'elle le veut, il se rendra disponible pour elle.

---

1. PTDR : Pété de rire. MDR : Mort de rire. LOL : *Lots of Laugh*.

«Demain?» je demande, interloquée. «Tu auras encore si facilement accès à Internet?»

«Ben oui, je serai là. Je te le dis.»

Puis, une minute plus tard :

«Tu es convertie, alors... Prépare ta hijra, je m'occupe de toi, Mélodie.»

Après Skype, la hijra! L'homme ne perd ni son nord ni son temps! À peine un premier contact, quelques lignes échangées, et il demande à une jeune fille dont il ne sait rien, si ce n'est qu'elle est convertie, de le rejoindre dans le pays le plus ensanglanté de la planète. Il la convie sans vergogne à tirer un trait sur son passé, d'où elle vient, à abandonner les siens, à moins qu'eux aussi ne veuillent se joindre à sa quête sainte, peut-être? Renaître ailleurs et attendre que Dieu lui ouvre ses portes... La surprise passée, divers sentiments se mélangent en moi. Je ne les démêle pas clairement, tout ce dont je suis sûre, c'est que le dégoût prime sur les autres. Bilel chasse des appâts fragiles, et lorsqu'ils mordent, lui comme ses semblables de l'EI tentent de toutes leurs forces de les reformater, comme on effacerait un disque avant de réenregistrer de nouvelles données dessus. Le procédé, le type de proie auquel il s'attaque, tout cela me met hors de moi. C'est tellement facile, tellement injuste, de venir chercher une fille comme Mélodie. Des gamines comme elle, j'en connais des tas. Elles n'ont pas eu accès à une éducation soutenue. Ni à une certaine forme de culture. Elles prennent pour argent comptant les rumeurs propagées, parce qu'elles n'ont personne pour les guider. Et c'est pareil chez les garçons. À cet instant, j'ai une furieuse envie de lui rentrer dedans.

Dans quoi suis-je en train de m'embarquer? Je pressens que tout cela ira plus loin. Mais je n'imagine pas une seconde que six mois plus tard, à l'heure où j'écris ce livre, Abou Bilel continuera d'avoir de lourdes conséquences sur ma vie. Pour le moment, je commence tout juste à me dire que, si je veux utiliser ce terroriste pour glaner des infos, je dois faire exister vraiment Mélodie. Lui forger, comme dans les affaires d'espionnage, une «légende», et peut-être lui réserver une fin sacrificielle. La faire passer de l'autre côté du miroir. Lui faire porter un peu de chacun des gamins attrapés par le djihad qui m'ont marquée, un melting-pot des frères Bons, de Norah, de Clara, de Leila, d'Élodie, de Karim et de son meilleur ami. Leurs familles sont obligées de se rendre à la frontière turco-syrienne pour obtenir des preuves de vie. Elles reviennent la plupart du temps bredouilles. Si Mélodie entame une correspondance avec cet homme, qui ne me paraît pas être un débutant, vu son âge, peut-être me lâchera-t-il quelques informations utiles. Qui ne tente rien n'a rien. Et puis, j'ai trop d'interrogations en suspens. Les réponses, si je les trouve, alimenteront précieusement mes futurs sujets. J'entreprends cette démarche de manière anthropologique. En attendant, là, j'ai surtout envie d'arrêter de penser à Abou Bilel.

Mon petit ami doit me retrouver chez moi. Je l'appelle pour lui dire que je préfère passer la nuit chez lui. Je ne lui parle pas d'Abou Bilel. Simplement, ce soir, j'aimerais m'endormir près de lui.

Samedi matin

Milan me tend un Coca Light, *M, le magazine du Monde*, et son iPad. Le Coca est mon café du matin, je suis une enfant qui ne sait pas boire des boissons d'adultes aux heures requises. Milan connaît mes habitudes et sa tablette est connectée en permanence au compte Facebook de Mélodie, afin que je puisse garder un œil sur l'«actualité». Pendant notre sommeil, Abou Souleyman[1], un jeune Alsacien parti en Syrie, est mort. La photo de son cadavre, un demi-sourire aux lèvres, est partagée et commentée par des dizaines d'internautes. Milan, blotti contre moi, avale son café de travers. Il me regarde avec tendresse comme si j'étais un cas désespéré. «Ça va durer encore longtemps?» me demande-t-il, toujours à moitié endormi. Je souris et l'embrasse. Il feuillette *Le Film français*, je survole les commentaires sur le «martyr» du jour. Rien de bien original. Il paraît qu'il est mieux là où

---

1. Le prénom a été modifié.

il est désormais, que Dieu est fier de lui, que nous devrions tous l'être. Fiers qu'il soit « mort pour sa cause », à vingt et un ans.

D'autres apartés m'intéressent davantage. Abou Bakr al-Baghdadi, le leader de l'EI, aurait failli tomber dans une embuscade tendue par Jabhat al-Nosra. Le Front al-Nosra demeure le principal groupe terroriste armé affilié à al-Qaida en Syrie. Cette brigade est souvent assimilée, à tort, à Daesh, l'acronyme arabe de l'organisation État islamique. Si leurs rapports furent cordiaux, voire harmonieux, à une période, cela n'est désormais plus le cas. Ils ne poursuivent plus le même objectif ni le même adversaire. L'ennemi historique d'al-Qaida demeure l'Occident : les croisés. Daesh, lui, cherche à créer un État islamique, un califat sunnite quelque part entre l'Irak et la Syrie. Il s'agit d'abord d'éliminer du pouvoir tous ceux qui se réclament directement ou indirectement des chiites, à commencer par la branche alaouite minoritaire qui dirige le pays, puis de déloger le pouvoir chiite d'Irak. Revenir à des temps moyenâgeux, instaurer un islam conquérant, se battre à cheval, s'emparer des territoires par la force, telles sont les méthodes et l'ambition de l'État islamique. Al-Qaida partage cette idéologie mais veut d'abord amoindrir les forces occidentales, démontrer sa domination et sa force de frappe, comme lors des attentats du 11 septembre 2001. En simplifiant à l'extrême, je perçois Daesh comme voulant éliminer d'abord tous les hérétiques de sa zone géographique, alors qu'al-Qaida se polarise sur les infidèles.

Lorsque mes interviews me conduisent jusqu'à un djihadiste, je l'interroge sur ses ambitions si le prochain épisode se terminait par leur conquête rêvée de l'Orient. J'obtiens souvent le même son de cloche : « L'État islamique débarquera aux portes des États-Unis pour leur faire la guerre et les soumettre à la volonté de Dieu. Ensuite nous abolirons toutes les frontières : la terre ne sera plus qu'un grand État islamisé répondant aux lois de la charia. » En créant une assise territoriale à son utopie, Daesh a réussi là où al-Qaida a échoué. Pendant que cette dernière multipliait minutieusement les cellules un peu partout dans le monde, Daesh, en plus de faire la guerre, instaurait une véritable politique et constituait une armée de fanatiques, en Syrie officiellement, en Irak officieusement. Armée formée par les sunnites hostiles à l'invasion américaine en Irak, avant que des milliers de combattants étrangers ne viennent grossir ses rangs. En parallèle, l'organisation terroriste œuvre grâce à son arme de guerre favorite : la propagande numérique. L'image désuète des talibans vivant en ermites dans les grottes afghanes limitait jusque-là les vocations. La communication des nouveaux soldats 2.0 du djihad, elle, fait mouche. En inondant YouTube de vidéos ultraviolentes, l'EI marque les esprits de milliers d'Occidentaux lobotomisés par sa rapidité d'action et l'exécution de ses menaces. « Les promesses n'engagent que ceux qui les écoutent »... C'est tristement vrai dans le cas de ces jeunes djihadistes. En mal de reconnaissance, la majorité part au front avec l'ambition ultime de poster sur Internet une photo d'eux habillés en soldats. Là-bas, ils acquerront une importance certaine, qu'ils auront de surcroît le droit d'étaler sur Twitter ou Facebook. Rendant si juste et prémonitoire la fameuse phrase prononcée en 1968 par Andy Warhol : « À l'avenir, chacun aura droit à quinze minutes de célébrité mondiale. » Je suis née au début des années 80, pas la décennie la plus fructueuse sur le plan musical. En 1997, j'ai affiné mes goûts musicaux sur le mythique album d'IAM : *L'École du micro d'argent*. Aujourd'hui encore, je connais par cœur chaque mot qui compose cet ovni musical de seize titres. La chanson « Petit frère », qui raconte les mœurs des plus jeunes, traverse le temps jusqu'à aujourd'hui :

Petit frère rêve de bagnoles, de fringues, de thunes
De réputation de dur, pour tout ça, il volerait la lune
Il collectionne les méfaits sans se soucier
Du mal qu'il fait, tout en demandant du respect.

À l'époque, il était déjà question de religion, mais elle ne catalysait pas un quelconque signe de représentation extérieure ou de comportement. Certains « petits frères » d'hier sont devenus djihadistes. L'argent facile, les armes, le deal, ça ne les fait plus fantasmer. Leur rêve : Obtenir du respect et toujours plus de reconnaissance. Devenir des « héros ». Jouer à la guerre et en faire état, c'est quand même autre chose que devenir le caïd du quartier et se défouler sur une PlayStation. Mais attention, il n'y a pas une seule catégorie de djihadistes. Dernièrement, des départs au Levant ont correspondu à des cas de radicalisation solitaire. Je pense à une jeune fille de Normandie, notamment, qui a cru trouver toutes les réponses à son existence, seule, sur le Net. Quelques semaines plus tard, la chrétienne convertie partait agrandir les rangs des brigades islamistes. J'imagine mon avatar toulousain, Mélodie, comme une ultrasensible, qui ne cherche pas à dominer mais plutôt à l'être afin de trouver un sens à son existence. Comme tant d'autres jeunes, peu importe l'époque, peu importe le milieu social, elle souffre du mal de vivre.

Plus tard, dans la nuit

Milan s'est assoupi. Dans sa chambre à l'atmo-sphère feutrée, douce comme lui, je me tourne et me retourne dans le lit. Les volets sont restés ouverts, la lumière des réverbères baigne la pièce d'un halo poé-tique. Ce spectacle nocturne habituel escorte mon insomnie sans chasser les questions qui se percutent dans mon cerveau.

Je me lève avec précaution. Milan dort comme un ange, mais mon subconscient m'attire vers le salon, et vers un démon emprisonné derrière un écran Retina. Il y a trois nouveaux messages de mon correspondant en souffrance. Je n'en attendais pas tant. J'allume une cigarette. Il a envoyé le premier à 14 h 30, heure de là-bas, un timing étonnant pour un fervent combattant. À cette heure-là, il aurait dû être positionné sur le front. Ou ailleurs. L'imaginer dans un cybercafé en plein après-midi à traquer numériquement une gamine me laisse perplexe.

« Salam aleykoum, ma sœur. Comment vas-tu aujourd'hui ? Je voulais te dire que je suis à ta disposition si tu veux parler. Je suis dans le coin. »

Le coin ? Quel coin ? Je n'ai pas le temps d'y songer, happée par le message suivant :

« À quelle heure seras-tu connectée pour que nous puissions parler ? J'en ai très envie. »

« Au fait, j'ai une spéciale dédicace pour toi... *Mashallah.* »

La « dédicace » en question est un cliché de lui, armé jusqu'aux dents. *So glamour...* Il porte en bandoulière un énorme fusil d'assaut de type M4. Son front est couvert par le bandeau noir aux inscriptions blanches de l'EI. Il se tient bien droit, le torse bombé. Il sourit. Naïvement, je pense que tout cela tient de l'irréel. Il ne me connaît pas. Et si je me cachais derrière l'identité de Mélodie ? Si j'étais un flic planqué derrière son écran ? Ou un journaliste à la recherche d'informations fiables et solidement sourcées ? Non, Abou Bilel ne s'inquiète pas ; visiblement, il pense avoir ferré un poisson. À croire la teneur de ses messages, il ne va pas le laisser s'échapper de ses filets. Agit-il souvent ainsi ? Il doit être 4 heures du matin. J'espérais des réponses. Or les questions se multiplient.

On dit souvent des journalistes qu'ils sont des chiens en quête permanente d'os à ronger. Il est vrai qu'à cet instant, j'éprouve une excitation certaine à pénétrer la psychologie de l'assassin. De cet assassin. J'admire ceux qui sont habités par la foi. J'envie la force qu'elle leur procure. Elle doit constituer une béquille précieuse pour avancer face aux drames qui émaillent inévitablement l'existence. Mais quand la spiritualité sert d'alibi à des meurtriers qui la détournent, alors moi, Anna, je m'autorise à devenir une autre. Du moins numériquement parlant. C'est décidé, pour Bilel, je serai Mélodie, une jeune fille perdue, à la fois résignée et naïve. D'un strict point de vue déontologique, ma méthode peut sembler contestable. Mais, à l'heure de la communication sacralisée, cette organisation terroriste met tout en œuvre pour se faire connaître et enrôler un maximum d'individus. Ma conscience a tranché. Abou Bilel ne fera pas l'objet d'un reportage, mais je souhaite passer au crible ses dires et démêler le vrai du faux. À commencer par le nombre d'hommes qui servent l'État islamique. Combien de Français ? d'Européens ? Y a-t-il réellement des femmes qui viennent assouvir le plaisir des djihadistes pour servir la cause de Dieu ? Est-ce qu'elles aussi prennent les armes ? Abou Bilel veut me balader dans sa volonté de domination religieuse. Pendant qu'il décime la veuve et l'orphelin, dans un pays miné par les divisions confessionnelles. À un moment, me fera-t-il le récit des affrontements sanglants qu'il mène ?

L'aube pointe, et je surfe sur le «darknet», les méandres du Web, pour trouver quelque chose, n'importe quoi, qui me renseigne sur lui. J'exhume des dizaines de conversations entre moudjahidines et apprentis. Rien de concluant. J'apprends cependant qu'une très importante bataille s'est livrée en Syrie dans la région de Deir Ezzor, à moins de cinq cents kilomètres de la frontière irakienne, pays encore meurtri par le spectre de Saddam Hussein et l'invasion américaine. J'intercepte un échange qui aurait dû attirer mon attention : «J'ai tout filmé, on les anéantit! Mais al-Baghdadi et ses émirs sont restés à l'abri à la maison, au cas où ces chiens d'al-Nosra nous auraient encore tendu un piège. Tu peux joindre Guitone, il est avec eux.» Je sais depuis longtemps qui est al-Baghdadi, le très dangereux leader de Daesh. Mais cette nuit, puisque je ne trouve rien de particulier sur Bilel, c'est Guitone qui m'intéresse. Je connais «bien» ce Marseillais de vingt-deux ou vingt-trois ans. Après un long séjour en Grande-Bretagne, il a rallié Daesh et a rapidement gagné ses galons. Il possède en effet trois atouts essentiels qui le rendent incontournable dans la propagande numérique acharnée que mène l'EI : il est très beau, il connaît par cœur la religion, et il est capable de la prêcher dans quatre langues différentes.

Avec certains de mes confrères, nous le surnommons «l'attaché de presse». Quand nous avons besoin de vérifier nos infos, il nous renseigne toujours avec plaisir et zèle. Guitone me connaît sous ma véritable identité : Anna. À plusieurs reprises, nous avons échangé quand j'en avais besoin. La dernière fois que je lui ai parlé, c'était en mars dernier au sujet de Norah, une jeune Avignonnaise de quinze ans. Je venais de rencontrer sa famille, qui m'assurait qu'elle était partie pour Jabhat al-Nosra, et non pour l'EI. Guitone m'avait confirmé l'information et sa position géographique.

Sur son compte Facebook, il revendique son appartenance à Daesh, et n'hésite pas à se mettre en scène dans des vidéos : Guitone en visite dans les hôpitaux avec les pauvres djihadistes blessés, Guitone armé jusqu'au cou en train de savourer un festin à la frontière turque, narguant au passage la France et la Turquie, Guitone saluant une foule de combattants en délire dans les rues conquises de Raqqa. Chacune de ses apparitions fait littéralement saliver des dizaines d'adolescents un peu partout en Europe. Il est vêtu de la tête aux pieds d'habits de marques prestigieuses. Il prétend vivre comme un pacha et jouit d'une reconnaissance au-delà de l'imaginable. On le respecte pour ce qu'il est. Il affiche en permanence un sourire angélique. C'est sa marque de fabrique. Dans un pays dramatiquement en guerre, quoi de mieux qu'un homme heureux pour vous convaincre d'embrasser sa cause ? C'est malin, il faut l'avouer. J'aurais pu, donc, envoyer un message à Guitone en qualité de journaliste, afin qu'il m'éclaire sur le dernier combat où les « émirs » ne se trouvaient pas. Mais je ne percute pas. Je ne sais pas encore que Guitone, Abou Bilel et Baghdadi sont liés. Sacrément liés, même. Je continue de tout décortiquer : rien sur Bilel... Mais qui est-il ? Son âge, son expérience du « terrain », que je devine, m'intriguent désormais encore plus. Je pressens que je vais à la rencontre d'une personnalité plus complexe que celle des plus jeunes que j'ai pu suivre jusqu'à présent.

Dimanche soir

« Sympathy for the Devil » des Stones se fracasse sur les murs de mon salon et résonne comme une prémonition. J'allume mon ordinateur et découvre les nouveaux messages de Bilel. À peine le temps de les lire qu'il est connecté et s'adresse immédiatement à ma marionnette numérique. Ses premiers posts peinent à dissimuler une insistance grossière. Toutes les trois lignes, le mercenaire invite Mélodie à quitter Facebook et à bifurquer vers Skype, un *chat* qui allie les charmes du son et de la vidéo. Est-ce la prudence qui guide son obsession ? Veut-il s'assurer de mon identité ? Ou désire-t-il vérifier de visu si le nouveau poisson qui nage tout droit dans ses filets est à son goût ? Je fais la gourde. Mélodie répond simplement :

« Pourquoi veux-tu aller sur Skype ? »

« Les conversations sont plus sûres sur Skype ma sœur, si tu vois ce que je veux dire... »

Non, je ne vois pas. Il termine sa phrase par un smiley. Un petit bonhomme jaune tout rond qui m'adresse un clin d'œil. C'est absurde. Il est absurde. Sur son profil, il jure «être dévoué à l'État islamique». Alors, je poursuis sur le même thème :

«Tu travailles pour l'EI, tu occupes quel poste ? En France, on dit que ce n'est pas la brigade la plus forte...»

Sous les traits de Mélodie, je ne peux m'empêcher de lui envoyer indirectement une pique. J'ajoute, moi aussi, un petit smiley. Cette fois, le petit bonhomme rond a les joues rouges de honte. Bilel s'empresse de me répondre avec vanité. Il se veut ferme et convaincant : Daesh incarne le summum de la puissance, non seulement en Syrie, mais aussi dans le reste du monde. Les fantassins accourent de tous les coins du globe pour intégrer ses bataillons. Mais pas seulement, si l'on en croit mon interlocuteur, aussi charmant que pédagogue :

«Il y a trois types de combattants : Ceux qui sont sur le front. Ceux qui deviennent kamikazes et ceux qui reviendront en France pour punir les infidèles.»

«Punir ? Comment ?»

«Tu sais bien... Comme Mohammed...»

Bilel fait référence à Mohammed Merah, le tueur fou de Toulouse. Mais Mélodie ne comprend pas.

«C'est qui Mohammed ? Et comment il punit les gens ?»

«Tu habites Toulouse, non ? Le tueur au scooter, ça ne te dit rien ?... Il y a une règle majeure : terroriser les ennemis d'Allah.»

«Mais Merah a tué des enfants... Un enfant, c'est l'innocence même, la pureté ; il ne peut être l'ennemi de quiconque...»

«Comme tu es naïve, Mélodie... Tu aimes les enfants ? Un jour, tu en auras, inch'Allah. Ici, tu sais, beaucoup d'orphelins attendent une maman. Les sœurs de Daesh s'occupent d'eux tous les jours, elles sont formidables. Tu t'entendrais bien avec elles, vous vous ressemblez beaucoup. »

Bilel botte en touche. Sa méthode : chercher à endormir une Mélodie qu'il ne connaît absolument pas, en la berçant de douces mélodies. Peu importe le sujet, au fond, puisqu'il l'emmène là où il le désire. Comme Mélodie laisse transparaître une certaine affection pour les enfants, Bilel lui souffle l'idée qu'elle pourrait devenir une mère de substitution. Elle a déjà oublié la discussion sur Mohammed Merah. Elle esquisse un sourire en s'imaginant se dévouer pour plus triste qu'elle. Comme si le malheur des autres pouvait l'aider à chasser le sien. Depuis quelque temps, elle a perdu pied dans le monde gris foncé qui l'entoure. Quoi qu'elle entreprenne, elle éprouve une impression de déjà-vu, de temps perdu. De gâchis, en somme. Le véritable bonheur demeure un sentiment éphémère et rare, dont elle se remémore à peine la force qu'il procure. Mélodie est perdue et lassée de cette vie terne où elle n'entrevoit aucun avenir. Je lui vois une personnalité évoluant entre l'« ado paumée » et un passé difficile qui lui a laissé trop de cicatrices. Elle se cherche un but.

Et si Bilel et ses beaux discours incarnaient cette petite lueur d'espoir qui redonne foi en la vie ? L'assassin cherche à cerner ses motivations concernant le djihad. On dirait un commercial qui, avant de démarrer sa démonstration, s'assure de bien comprendre les failles et les attentes de sa proie. Pour lui, Mélodie ne représente qu'un profil type. Une fois qu'il l'aura classée dans une catégorie, il lui suffira de débiter de sa voix grave sur un ton convaincant la réponse appropriée. Bilel est un mauvais génie. Et un expert en vente, qui s'est bien gardé de lui demander si elle compte faire son djihad, mais ce qu'elle veut y trouver en l'accomplissant. La nuance est loin d'être neutre. Bilel ne connaît encore presque rien de Mélodie. Ni son âge, ni la couleur de ses yeux, ni sa situation familiale. Ça ne semble pas le déranger. Comme si une seule donnée essentielle suffisait à la rendre intéressante à ses yeux : le fait qu'elle soit convertie.

Et Bilel en est persuadé : la foi de Mélodie est suffisamment forte pour la pousser à le rejoindre dans le pays le plus dangereux au monde. Il ne s'inquiète de rien d'autre que de connaître son avis sur les djihadistes. J'ai l'impression d'être sondée par la Sofres et nourris la réponse de Mélodie des sons de cloches unanimes entendus lors de divers reportages dans des banlieues dites à risques.

«On m'a raconté ce qu'Israël faisait aux enfants de Palestine. J'ai vu des dizaines de vidéos horribles montrant des bébés morts. J'ai commencé à suivre sur Facebook certains de tes frères partis faire le djihad, là-bas, puis en Syrie. Certains moudjahidines font le bien et d'autres le mal, alors je ne sais pas quoi en penser...»

«Ne pense que du bien ! Je suis moi-même un grand moudjahidin, ça fait longtemps que je donne dans la religion, et je te le dis : je peux être très, très doux avec les gens que j'aime, et très, très dur avec les mécréants. J'espère pour toi que tu n'en es pas une... »

« Comment je pourrais l'être, je suis convertie... »

« C'est bien, mais ça ne suffit pas... Se contenter de faire ses cinq prières par jour et d'honorer le ramadan ne suffit pas. Être un bon musulman, comme le veut le Prophète, c'est venir au Sham[1] et servir la cause de Dieu. »

« Mais je ne peux pas laisser ma famille derrière moi, et tout abandonner... »

« Mauvaise réponse... J'en déduis que tu es capitaliste ? »

Mélodie n'est pas un singe savant. Le capitalisme, ça ne lui parle vraiment pas. Et puis, quel rapport avec sa famille ? Elle ne comprend pas où Bilel veut en venir. Bientôt, il lui expliquera qu'elle ne doit se référer qu'au tribunal islamique (la charia, doctrine islamique radicale appliquée dans une minorité de pays), et tourner le dos à la société de consommation dans laquelle elle a grandi. Bilel est formel : Mélodie ne doit pas se soumettre aux lois de son pays. Celles qui prévalent désormais émanent d'une certaine forme d'islam radical. L'islam « si pur » qu'il a embrassé. Bien sûr, la naïve Mélodie ne voit rien venir. Elle se fait dévorer à toutes les sauces. Elle ne relève même pas les contradictions de Bilel qui attaque la société de consommation, alors que tout dans son apparence en est le reflet, de ses Ray-Ban à ses Nike dernier cri.

---

1. Le Levant.

« Capitaliste, c'est une histoire d'offre et de demande pour trouver un équilibre, un truc comme ça ? LOL. »

« Le capitalisme, ma petite, c'est la gangrène du monde. Pendant que tu t'empiffres de Snickers devant MTV, que tu achètes les albums de Bouba et que tu lèches les vitrines de Foot Locker, des dizaines des nôtres meurent tous les jours simplement parce que l'on demande à vivre heureux dans un État rien qu'à nous, les musulmans. Pendant qu'on risque notre vie, vous consacrez vos journées à des préoccupations futiles. Être religieux signifie se battre pour imposer ses valeurs. Ça m'embête pour toi, Mélodie, parce que je sens que tu as une belle âme, et si tu restes au milieu de tous ces kouffar, tu brûleras en enfer. L'exploitation de l'homme par l'homme, tu connais ? »

Et voilà qu'il fait référence à Marx... Maîtrise-t-il vraiment la doctrine du philosophe allemand et son concept de lutte des classes ? Ou se contente-t-il de rabâcher un discours que d'autres lui ont servi ? J'ai une pensée pour Guitone, « l'attaché de presse » de l'EI, habillé en Lacoste de la tête aux pieds. Mélodie, elle, est médusée par le chemin que promet Bilel aux « kouffar ». Son quotidien en Occident la désespère. Mais est-il si noir que ça, comparé au destin plus que précaire des Syriens que lui conte avec peine Bilel ? Son interlocuteur voudrait que la peur qu'il lui insuffle domine sa croyance. Il réussit à faire germer le doute en elle, en même temps qu'un fort sentiment de culpabilité.

Cet Abou Bilel est diabolique. J'observe sa photo de profil. Il est plutôt beau gosse. Les fautes de grammaire grossières qu'il commet ébrèchent à peine sa force de conviction. Comment a-t-il atteint une telle radicalité, une si grande servitude aveugle et donc particulièrement dangereuse ? Certains parents de djihadistes comparent l'embrigadement de leur enfant aux méthodes en vogue dans les sectes. Il y a quelque chose de cela. Bilel, le gourou, présente la guerre à Mélodie telle une mission divine qu'elle se doit d'accomplir au nom d'une prophétie qu'elle comprend à peine. Je viens de griller une cigarette, j'en allume une autre.

« Tu m'expliques que si je ne viens pas au Sham, je suis une mauvaise musulmane qui ne connaîtra jamais le paradis ? »

« Exactement... Mais rien n'est perdu, je vais t'aider... Je serai ton protecteur. Je peux te poser une question ? »

Et encore un smiley, ça faisait longtemps. Mélodie a donc le choix entre la Syrie et l'enfer. Sur la carte postale dépeinte par Bilel, la Syrie n'a rien d'infernal. Le djihadiste, qui a tissé sa toile, poursuit :

« J'ai regardé un peu partout sur ton profil, et j'y ai trouvé une seule photo. Est-ce que c'est toi ? »

Mince ! J'avais complètement oublié cette photo. Quand j'ai créé le compte Facebook de Mélodie, il y a six ans, les femmes des radicaux religieux pouvaient encore dévoiler leur visage. Or, désormais, les rares islamistes radicaux qui laissent leurs épouses accéder aux réseaux sociaux ne leur permettent plus de se montrer. Et je n'ai pas pensé à supprimer cette vieille photo de profil représentant l'ovale d'une jolie blondinette.

Prise de court, j'improvise :

« C'est la photo de ma grande sœur ! Comme elle n'est pas convertie, elle ne cache pas son visage. Mais moi, si. »

« Tu m'as fait peur, Mashallah ! Personne ne devrait être autorisé à te regarder ! Une femme respectable ne se montre qu'à son mari. Tu as quel âge, Mélodie ? »

J'avais la sensation jusqu'ici d'échanger avec un vendeur de voitures, j'ai désormais la dérangeante impression de parler à un pédophile. J'aimerais lui répondre que Mélodie est mineure, histoire de voir sa réaction. Mais si je suis amenée à le rencontrer virtuellement sur Skype, ça ne collera pas. J'ai passé le cap de la trentaine. Même s'il paraît que je fais plus jeune que mon âge, je ne suis pas dupe au point de penser pouvoir jouer le rôle d'une adolescente pubère.

« Je vais avoir vingt ans. »

« Je peux te poser une autre question ? »

Il se fiche visiblement de l'âge de Mélodie. Lui parlerait-il de la même façon si elle avait prétendu avoir quinze ans ?

Il est minuit en Syrie, 23 heures en France. Mon paquet de Marlboro est vide. Je suis épuisée, moi aussi, et je sens que sa prochaine question va finir de m'achever pour ce soir.

« Est-ce que tu as un prétendant ? »

Touchée. Coulée. La discussion prend une tournure que je redoutais. Mélodie ne s'étend pas, elle ne le peut pas :

« Non, je n'en ai pas. Mais ça me gêne de parler de ça avec un homme. C'est *haram*[1]. Ma mère va rentrer

---

1. Interdit.

de son travail, je dois cacher mon Coran et me mettre au lit. »

« Bientôt, tu n'auras plus rien à cacher, inch'Allah ! Dis-moi simplement si je peux devenir ton prétendant ? »

« Mais tu ne me connais pas... »

« Et alors ? »

« Et alors, je ne vais peut-être pas te plaire. »

« Tu es si douce. C'est ta beauté intérieure qui compte... J'ai un bon feeling avec toi, et je veux t'aider à vivre la vie qui t'attend. Mon cœur saigne d'apprendre que tu dois te cacher pour prier. Je me bats pour ça tous les jours, pour faire respecter la charia. »

La colère m'envahit. Ce qui me dérange n'est pas tant sa demande que son instrumentalisation de la religion. L'islam, et cette opinion n'engage que moi, est un culte noble qui appelle ses fidèles à la solidarité. Moi qui suis agnostique, j'admire cette communauté qui sait se reconnaître n'importe où dans le monde. André Malraux avait prédit : « Le XXIe siècle sera religieux ou ne sera pas. » Cette citation a souvent été détournée ; Malraux faisait référence à la spiritualité, aux sentiments « élevés ». Bilel, lui, ne revendique qu'une doctrine ultra-radicale qui contraint, entre autres pratiques d'un autre âge, les femmes à être voilées intégralement et les incite à se marier dès leurs quatorze ans. Certaines de ces lois prônent une violence intolérable : la femme adultère est lapidée, le mari qui se comporte de la même manière n'écope que d'une amende à payer, le voleur a la main coupée... Et Daesh veut l'instaurer définitivement au Levant, puis dans le reste du monde.

48

Là-dessus, Bilel se fait professeur : pour bien respecter la charia, Mélodie ne devra pas montrer un centimètre de son corps, y compris ses mains, à quiconque. Le voile, qui laisse entrevoir l'ovale du visage, n'est pas suffisant. Elle doit adopter la burqa, et ajouter un deuxième voile par dessus. Ses prêches m'agacent de plus en plus sérieusement. Je calme le jeu :

« Ma mère nous a élevées seule, ma grande sœur et moi. Elle cumule deux jobs à mi-temps simplement pour qu'on ne manque de rien. Je me suis convertie dans le plus grand secret, ce n'est pas elle qui m'empêche de vivre mon culte. »

« C'est sûrement quelqu'un de bien ta mère, elle s'est juste un peu égarée... J'espère qu'elle retrouvera vite le bon chemin, le seul et l'unique : celui d'Allah. »

Les mots me manquent face à son étroitesse d'esprit, sa mauvaise foi consternante et ses jugements frappés de cécité. Son discours demeure idéologiquement pauvre, mais relativement cohérent. Face à toutes les interrogations de Mélodie, Bilel pratique la langue de bois la plus basique : toutes les réponses se trouvent dans l'islam. La vision moyenâgeuse de l'islam que prône Daesh. Vieille antienne de toutes les idéologies dictatoriales... Il est définitivement temps de mettre un terme à cette discussion qui n'a que trop duré. Mélodie répète qu'elle doit aller se coucher. Bilel acquiesce et lui souhaite de faire de beaux rêves. Il ajoute :

« Avant de dormir, réponds-moi, tu veux bien que je sois ton courtisan ? »

Je déconnecte Facebook.

Nous venons d'échanger cent vingt messages en l'espace d'environ deux heures. Je les relis longuement. Tard dans la nuit, je finis par rappeler Milan.

Lundi

J'ouvre les yeux tôt. Ce n'est pas dans mes habitudes. Je file au journal pour lequel je pige souvent, impatiente de rendre compte à l'un des rédacteurs en chef de ce week-end que je peux qualifier de riche en émotions. Lui aussi surveille l'expansion des mouvements islamistes radicaux sur le Net. Vingt-quatre heures plus tôt, je lui avais transféré par mail la vidéo montrant Bilel en train d'effectuer l'inventaire de son véhicule. Ce chef trouve ahurissant que le contact se soit établi aussi facilement. Comme moi, il décèle immédiatement dans la brèche dans laquelle je me suis engouffrée une occasion unique d'entreprendre une enquête précieuse et d'en livrer par la suite un reportage nourri sur le phénomène du djihad numérique. Mais il me demande d'être la plus vigilante possible, tout cela est potentiellement dangereux. Tout en m'abreuvant de consignes de prudence, il donne un tour d'écrou supplémentaire au projet en m'assignant un photographe, André, l'un de mes proches amis, également pigiste. Nous travaillons ensemble depuis de nombreuses années. Notre binôme fonctionne à merveille, fort de notre complicité. Je vais répondre favorablement au rendez-vous que Bilel m'a fixé sur Skype. André se chargera de prendre des clichés pendant les échanges vidéo avec mon interlocuteur. Avec moi, Anna, il sera le deuxième témoin du show que livre Bilel à Mélodie. Je me sens un peu bête sur le moment. Me voici propulsée sujet de mon sujet, l'un des deux protagonistes principaux de cette histoire à dormir debout où chacun ne livre qu'une vérité partielle... Cela ne m'était jamais arrivé, et c'est troublant. J'avais davantage appréhendé Bilel comme un mauvais génie à consulter en cas de besoin. Et voilà que je me retrouve moi-même dans la théière, à devoir exaucer ses désirs de domination... Mais pour l'heure, l'urgence est de réfléchir à un détail loin d'être anodin : comment devenir Mélodie. J'ai besoin de me rajeunir d'au moins une dizaine d'années, de trouver un voile et tout ce qui m'aidera à me glisser dans la peau d'une toute jeune femme. Une autre rédactrice en chef, ancienne grand reporter et qui supervise également le sujet, me prête un hijab[1] et une robe noire, une sorte de djellaba. Bilel a embrassé une telle radicalité qu'il ne s'adressera pas à Mélodie si la plus grande partie de son corps n'est pas dissimulée. Il a trente-huit ans, et ses exigences ne sont pas les mêmes que celles des jeunes djihadistes émergents.

---

1. Le hijab est un voile comparable au tchador, qui laisse à découvert l'ovale du visage. Lorsque le visage est totalement couvert, on parle de *niqab*, de *burqa* ou dans certains pays de *sitar*.

Ça m'arrange. Qu'un probable assassin, susceptible de rentrer à tout moment chez lui, en France, connaisse mon visage ne me plonge pas dans un état d'excitation débordante.

Le soir même, André débarque chez moi vers 18 heures. Il est une heure de plus en Syrie. Cela nous laisse environ soixante minutes pour nous préparer avant que Bilel ne «rentre des combats» et ne contacte Mélodie. Nous cherchons un angle de vue idéal, afin de pouvoir bien cadrer l'écran de l'ordinateur, et ma silhouette le moins distinctement possible. Les ordres ont été stricts : notre sécurité, à André et à moi, avant tout. Pendant qu'il peaufine ses réglages dans le salon, j'enfile par-dessus mon jean et mon pull la sombre panoplie de Mélodie. La djellaba noire est plutôt seyante avec son petit nœud de satin à la taille. Elle balaie le sol. Je prends une photo avec mon téléphone de cette épaisse traîne qui recouvre mes Converse avachies. On dirait vraiment que j'ai vingt ans. Mais ma maîtrise du port du voile est cocasse. André éclate de rire en me voyant revenir dans la pièce. «Tu dois le mettre beaucoup plus sur le front», se moque-t-il, tout en immortalisant l'instant d'un cliché. Il m'aide à placer correctement le hijab, qui doit seulement dévoiler l'ovale de mon visage, et ne pas laisser apparaître une mèche de mes cheveux. Il m'est déjà arrivé de me glisser sous des niqabs pour d'autres reportages. Je n'ai jamais ressenti ce sentiment d'étouffement que certaines femmes voilées décrivent. Le regard que les gens portent sur vous à cet instant se veut oppressant. L'habit en lui-même ne m'a pourtant jamais dérangée. Cependant, le port du hijab est nouveau pour moi. J'ai l'horrible impression d'être retombée en enfance et de porter une cagoule ! Cet engin de torture imposé par les parents me renvoie à de mauvais souvenirs. Comme la petite Anna que j'étais à cinq ans, ma peau me démange, et je ne reconnais pas mon visage écrasé tel un poisson saucissonné. Le fou rire d'André n'arrange pas le ridicule de la situation. Je retire mes bagues. Je devine à l'avance que Bilel n'appréciera pas cette marque de frivolité. Et puis, si je veux devenir Mélodie, je dois m'épurer de tout signe distinctif. Je ne l'imagine pas porter mes bagues, massives et voyantes. Je dissimule sous un peu de fond de teint le petit tatouage que j'arbore au poignet. Toute la journée, je me suis promis d'acheter du dissolvant pour effacer le rouge vif de mes ongles. J'ai oublié. Tant pis. Si le combattant aguerri me le fait remarquer, j'improviserai une réponse.

L'heure approche. André s'efforce de me tranquilliser en me parlant d'autre chose. Il décèle en moi des sentiments mêlés d'impatience, d'excitation, de doute et de crainte. J'insiste sur ce dernier mot. Je ne crains pas le terroriste que je m'apprête à rencontrer, j'en ai skypé d'autres. Mais là, je pressens que je vais en apprendre beaucoup et je m'inquiète que Mélodie ne puisse supporter ses révélations. À peine allumé mon ordinateur, je découvre que, fidèle au poste, Abou Bilel est connecté sur Facebook et qu'il attend Mélodie avec impatience :

« T'es là ? »

« On se retrouve sur Skype ? »

« Mélodie ? »

« Allô ? PTDR. »

« Mélodie ??? »

« Pardon : Salam aleykoum... ☺ T'es là ??? »

Lundi, 20 heures

Voilà. J'y suis presque. Je suis assise en tailleur sur mon canapé. Son dossier est haut, ce qui permet de ne pas laisser à Bilel trop d'indices qui permettraient d'identifier mon appartement. André a également décroché du mur une très belle photo connue et largement récompensée, prise en Libye trois ans plus tôt. Il se tient derrière le sofa dans un angle mort. Mélodie gagne du temps en répondant d'abord par écrit à Bilel. Mon smartphone enregistre déjà l'échange à venir. Je suis équipée d'un autre téléphone à carte prépayée que j'ai acheté quelques heures plus tôt dans un bureau de tabac. L'EI regorge d'experts en contre-espionnage, habitués aux diverses méthodes de piratage. Il est plus prudent que Bilel ne connaisse pas mon numéro. Mélodie a donc désormais le sien. J'ai aussi pris soin de créer un nouveau compte Skype à son nom. Sur YouTube, j'ai trouvé un tutoriel expliquant comment brouiller son adresse IP. Si les choses viennent à mal tourner, il n'aura nulle part où me chercher.

56

Le téléphone retentit. Sa sonnerie résonne comme le son du glas dans un village endeuillé. Si j'appuie sur le bouton vert, je deviens Mélodie. Je m'accorde le temps d'une longue respiration. Ça y est, je le vois. Lui aussi. L'espace d'un instant, aucun d'entre nous ne dit mot. Bilel toise Mélodie. Ses yeux sont toujours soulignés d'un épais trait de crayon noir. Il n'hésite pas à accentuer son regard «de braise», comme pour ensorceler la jeune Mélodie. Je ne sais pas si c'est parce que je peine à me confronter à lui, mais ce qui attire le plus mon attention réside en l'endroit où il se trouve. Le djihadiste skype Mélodie depuis sa voiture à l'aide d'un smartphone dernier cri. Dans ce pays régulièrement privé d'eau et d'électricité sur une majeure partie du territoire, il dispose d'un équipement high-tech. La liaison est bonne, ce qui n'est pas toujours évident dans ces circonstances. À écouter son discours, Daesh tient plus de l'ONG que d'une organisation terroriste. Sur le moment, le moins que l'on puisse dire est pourtant que Bilel ne renvoie pas l'image d'un humanitaire au service des plus démunis. Il semble propre sur lui, soigné, même, après sa journée au front. Il affiche une attitude de confiance, les épaules en arrière, le menton en pointe. Mais je sens que découvrir Mélodie le rend nerveux. Au bout d'un temps qui me paraît interminable, il finit par briser le silence :

— Salam aleykoum, ma sœur.

Je prends une toute petite voix, n'oublions pas que je fume comme un pompier depuis une quinzaine d'années. La plus douce et claire possible. Et je souris. Immédiatement, ce sourire va devenir ma meilleure arme de défense, et ce tout au long de mon enquête. Il permettra de parer au désarroi de Mélodie, quand je serai prise de court. Je crois que je vais réussir à me glisser dans la peau d'une autre en jouant à l'amie compréhensive. Mais je ne supporterai pas de visionner une seule seconde les vidéos qu'André réalise aussi, parfois, de ces moments. Quand je les consulte aujourd'hui, je n'y vois pas la naïve et pure Mélodie, souriante, qui discute, impressionnée, avec Bilel. Je me vois moi, Anna, tout en noir sur ce canapé que je connais par cœur, et que je hais désormais. C'est moi qui souris. Ce n'est pas Mélodie : elle n'existe pas. Dois-je être honteuse de m'être prêtée à cet exercice ? Je suis quelqu'un de pudique, et la nausée m'envahit devant ces images, dont l'attitude, bien que jouée, m'appartient.

Mélodie répond par la même formule de politesse. Mais elle ne termine pas sa phrase : André me déconcentre. Il sautille autour du canapé, de façon à ne pas entrer dans le champ de la caméra, en m'adressant de grands signes. Il essaie de me faire comprendre que, dans le feu de l'action, je n'ai pas répondu correctement à Bilel. On se doit de répondre à un « Salam aleykoum » par un « Maleykoum salam ». Par mégarde, j'ai commis une faute de débutant. J'ai envie de rire, et en même temps, je voudrais voir André à ma place ! Mais je ne peux rien faire, Bilel est suspendu aux lèvres de Mélodie. Il a beau être en Syrie, et moi en France, nos visages se tiennent à quelques millimètres l'un de l'autre. Mon regard ne doit se focaliser sur rien d'autre que sur l'écran. Mille pensées qui n'ont rien à voir les unes avec les autres jaillissent en moi.

J'occulte André, qui continue de s'agiter comme un kangourou, et je m'étrangle devant la première question de Bilel :

— Quoi de neuf ?

Sérieusement ? Je ne m'attendais pas à ce qu'il veuille écouter le récit banal de la journée de Mélodie, comme elle le confierait à sa meilleure amie. Prise au dépourvu, je ne trouve rien d'autre à répondre que :

— Plein de choses ! Mais je suis timide, parle-moi de toi d'abord...

— Qu'est-ce que tu veux savoir ? demande-t-il d'une voix assurée avec un sourire qui affiche une totale confiance en lui.

Il a mordu à l'hameçon. Décidément, la vie de Mélodie ne semble pas l'intéresser plus que ça... Dommage pour elle. Tant mieux pour moi. Cela dit, je ne veux pas éveiller ses soupçons et démarrer trop vite avec des questions qui risqueraient de trahir ma couverture. Daesh sait très bien que beaucoup de journalistes ou de policiers se cachent derrière de faux profils. Mélodie a vingt ans et une connaissance appropriée à son âge. La politique, la géopolitique et les guerres saintes, elle n'en connaît pas grand-chose. Épatée, elle poursuit :

— C'est ouf de parler à un moudjahidin en Syrie. On dirait que tu as plus facilement accès à Internet que moi, à Toulouse ! Je dois partager l'ordi avec ma sœur, et ma mère nous le confisque souvent. Et toi, tu es carrément dans une voiture, j'hallucine ! Même ton téléphone est plus récent que le mien !

En plus de rentrer dans le personnage, je donne à Mélodie un moyen d'esquiver Bilel par la suite, si elle le désire : elle est dépendante d'une famille, et ne pourra pas toujours honorer ses rendez-vous.

— Mais la Syrie, c'est génial! Y a tout ici! Mashallah, il faut que tu me croies : c'est le paradis! Il y a plein de femmes qui fantasment sur nous, les guerriers d'Allah...

— Mais, dans ton paradis, les gens meurent tous les jours...

— Justement... Je me bats pour arrêter les massacres ! Tu ne sais pas comme l'ennemi est un diable, ici. Il tue et vole les pauvres Syriens. Il viole les femmes aussi. Il s'attaque à nous, alors que nous défendons la paix !

— L'ennemi c'est celui qui dirige la Syrie ?

— Entre autres. Mais les adversaires sont multiples...

Outre le régime de Bachar, il désigne le Front al-Nosra, la branche armée affiliée à al-Qaida, mais aussi les Syriens et tous ceux qu'il considère comme infidèles... Daesh n'hésite pas à décimer le peuple, déjà opprimé par la dictature alaouite en place, s'il ne se soumet pas aux règles que l'organisation terroriste a détournées et imposées. Mais je sens que le guerrier n'a pas envie de s'étendre sur le sujet. Dans sa stratégie visant à lobotomiser sa proie, il ne serait pas judicieux de commencer par le récit sanguinaire des exactions qu'il commet chaque jour. Encore moins de s'étendre sur celles qui affectent particulièrement Mélodie. À savoir s'attaquer à plus faible que soi.

— Tu es bien curieuse, poursuit Bilel. Dis-moi, ton hijab, tu le portes tous les jours ?

Mélodie répète ce que m'ont confié la plupart des filles converties dans le plus grand secret que j'ai pu rencontrer au fil de mes reportages :

— Je m'habille normalement le matin. Je dis au revoir à ma mère, et devant chez moi j'enfile ma djelleb[1] et mon voile.

— C'est bien, je suis fier de toi. C'est courageux ce que tu fais. Tu as une belle âme. Et tu es jolie à l'extérieur aussi...

Bilel scrute Mélodie, l'œil libidineux. Elle le supplie de lui montrer le paysage. Il prétend se trouver près d'Alep. En réalité, il doit se trouver à quelques kilomètres de la ville de Raqqa, le QG de Daesh, la première ville où l'organisation a littéralement instauré un État avec ses lois et sa politique stricte en soumettant les habitants par la barbarie.

— Le Prophète dit qu'il faut choisir sa femme en fonction de sa noblesse, car elle est sa beauté, ajoute-t-il. Mais si en plus une femme possède les deux...

Bilel se mord les lèvres et dévisage le peu qu'il entrevoit de moi. Je souris. À la demande de Mélodie, il descend de la voiture et son smartphone me dévoile les images d'une Syrie dévastée. Personne alentour. Il doit être un peu plus de 21 heures là-bas maintenant. Pas un bruit ne court. Soudain, de grosses voix d'hommes brisent ce silence lugubre. Bilel s'adresse à moi sur un ton anxieux :

— Ne dis rien ! Personne ne doit te voir ou t'entendre ! Tu es mon joyau, tu es pure. OK ? T'as compris ? Dis-moi que t'as compris ?

---

1. Djellaba.

Mélodie acquiesce. Plus un son ne sortira de sa bouche jusqu'à nouvel ordre. Cela me permet d'écouter la conversation. Il me semble distinguer les voix de deux autres hommes. Ils se saluent en arabe, et embrayent directement en français, qui paraît être leur langue maternelle. Ils rient beaucoup aussi, en se félicitant de « les avoir massacrés ». L'un des hommes demande :

— Salam aleykoum, quoi de neuf par ici ? Tu fais des heures supp' ou quoi ?

— Je guette, mon frère, je guette... Rien de spécial, c'est tranquille ici ! La zone est ratissée, tu sais bien !

Sa phrase à peine achevée, un sourire sardonique apparaît sur son visage, que j'entrevois à peine, mais suffisamment pour distinguer ses expressions. Par « ratissage », Bilel entend que l'endroit a été pris d'assaut par sa milice. Le sang séché que j'aperçois sur le bitume en témoigne encore. Les étendards noirs aux inscriptions blanches de Daesh flottent au loin. Je l'écoute déblatérer sur différents sujets, notamment le fait qu'il attend avec impatience sa « cargaison américaine », mais aussi ses « barres chocolatées »... André et moi nous adressons un regard qui en dit long. Les interlocuteurs de Bilel semblent lui témoigner un certain respect. Ils le félicitent beaucoup. L'échange demeure trop bref pour en tirer des conclusions, mais vu leur manière de s'adresser poliment à lui, mon « contact » doit être hautement plus gradé qu'eux. Une minute plus tard, il salue ses deux confrères et reprend le téléphone, inquiet de savoir si Mélodie l'a attendu.

— Ah, t'es là ! T'es toujours aussi belle...

— Tu parlais à qui ?

— Des combattants qui venaient me saluer.

— Ah, j'avais l'impression qu'ils te rendaient des comptes... Je suis sûre que tu ne veux pas frimer, mais que tu es chef ou quelque chose comme ça...

— C'est vrai, je n'aime pas ça... Mais je suis très respecté...

— Pourquoi ? Tu es émir ?

Bilel adopte un air faussement humble.

— Tu as compris qui j'étais... Mais je n'aime pas m'en vanter. Il faut que ça reste entre nous. On est tous ici pour la même chose.

— Tu as l'air d'être très déterminé... Je peux te demander ton boulot ?

— Tuer des gens.

— Tuer des gens, c'est ton boulot ? C'est un boulot tout court ?

— Bah ouais ! Qu'est-ce que tu crois, je bosse dur, moi ! C'est pas le Club Med ici !

— Tu tues des infidèles ?

— Oui. Des traîtres, aussi, et quiconque veut empêcher l'islam de dominer le monde.

— Pourquoi, après tu partiras à la conquête du monde ?

— Abou Bakr al-Baghdadi, notre leader, nous guide pour abolir toutes les frontières. Bientôt, mais ça prendra du temps, le monde ne sera qu'une grande terre de musulmans.

— Et s'ils ne veulent pas ?

— Bah, au boulot... Et à terme on réussira...

— Au boulot ? Tu les tueras tous ?

— Moi et mes hommes, je peux pas faire ça seul ! Mashallah.

— Je suis sûre que tu étais dans la prise de Raqqa... Les photos de l'EI ont circulé partout.

La bataille de Raqqa, en mars 2013, demeure l'une des plus sanglantes gagnées par Daesh. Elle a témoigné de sa force de frappe. En plus du drapeau de l'organisation qui flottait un peu partout dans la ville, les têtes coupées des adversaires sont restées exhibées sur des piques sur l'une des places principales de la cité. Comme arme de propagande, des clichés de ces cadavres mutilés ont fait le tour du monde. Même Mélodie les a vus passer sur Twitter... Moi, je dois adopter une attitude de robot, et enchaîner le plus possible les questions. Je réfléchirai plus tard à la folie de Bilel.

— Tu me fais trop rire ! Oui, bien sûr, on les a explosés ! Comment c'était dingue... Je t'enverrai des photos.

Il le fera vraiment. Ce souvenir morbide lui procure une joie immense, qu'il ne tente pas de cacher. Au contraire. Il enchaîne :

— Mais on s'en fiche de tout ça, tu me poses trop de questions, parle-moi de toi !

— Dis-moi juste quelque chose, avant... Tu me dis tuer des gens mauvais pour assainir le monde, mais pourquoi les mutiler ? Si votre cause est noble, pourquoi étaler une telle barbarie ?

— En fait, nous[1], on fait notre prise de territoire en éliminant tout le monde. Mais chacun a un poste bien

---

1. Chaque brigade concernée, en l'occurrence celles de Daesh.

défini. Moi par exemple, comme je suis très important, sans me vanter, je supervise surtout les opérations. Je donne les ordres. Puis, quand tous les kouffar sont morts, c'est l'émir qui décide quoi faire de leurs corps.

— C'est-à-dire ?

— Bah, t'as déjà vu des vidéos et des photos, tu m'as dit, non ? Par exemple, ce jour-là, l'émir de Raqqa a demandé à ce qu'on coupe les têtes. Mais allez, parle-moi de toi !

— D'accord, mais je suis trop pudique ! Montre-moi d'abord ta voiture, on dirait qu'il y a plein de choses !

Enchanté chaque fois que celle qu'il considère déjà comme sa promise le flatte, Bilel s'exécute. Mélodie lui dit qu'elle est bien jolie la petite mitraillette blanche qui dépasse de son attirail hétéroclite étalé sur la banquette arrière. Bilel la saisit et propose de la lui offrir. Il éclate de rire :

— Ça ne m'étonne pas que ce soit celle qui te plaise ! Vous les femmes, vous adorez ce modèle parce qu'il est facile d'utilisation ! Ça te plaît, les armes ? Je vais t'en offrir plein, et une belle kalachnikov en prime !

Le pire, c'est qu'à cet instant je lis de la sincérité sur son visage.

— Je veux bien en apprendre davantage. Mais est-ce que ça a un rapport avec la religion ?

— Qu'est-ce qui t'a guidée jusqu'au chemin d'Allah ?

Je meurs d'envie d'une cigarette. À cet instant, mon cerveau est incapable de penser à autre chose.

Je l'ai dit, Mélodie existe depuis des années sans existence réelle. Elle ne représente qu'un nom sur un profil Facebook. Le matin même, je n'imaginais même pas que j'allais devoir improviser pour Bilel l'histoire d'une âme perdue et ultrasensible. Je n'ai pas eu le temps de lui inventer une « vraie » vie. Mon voile me gratte et quand je parviens à jeter un regard à André, connu pour son hyperactivité, je le découvre littéralement abasourdi. Prise de court, Mélodie bredouille :

— Mon père est parti quand j'étais toute petite, mes oncles se sont beaucoup occupés de moi, quand ma mère était dépassée. L'un de mes cousins, musulman, m'a fascinée par la paix intérieure qu'il trouvait dans sa religion. Il m'a guidée jusqu'à elle.

— Il sait que tu veux venir au Sham ?

Une fois de plus, Bilel part du principe que tout est acté : Mélodie arrivera prochainement en Syrie.

— Je ne sais pas si je vais venir...

— Écoute-moi, Mélodie... C'est mon métier, entre autres, de recruter des gens. Je suis extrêmement doué dans ce domaine. Tu peux avoir confiance en moi, tu seras très bien traitée. Tu seras importante. Et si tu acceptes de m'épouser, je te traiterai comme une reine.

Lundi, 21 h 30

L'épouser?! Je déconnecte Skype, comme un réflexe de survie. Je descends mon hijab sur le cou, et je me tourne vers André, l'air aussi hébété que moi. Nous nous regardons, incapables de répéter autre chose que «Oh putain!» en boucle. Parce que nous savons que nous pouvons tout arrêter maintenant, et que dans ce cas cette soirée ne demeurera qu'une anecdote parmi les nombreuses que nous comptons. Mais, bien sûr, nous n'agirons pas ainsi. Nous en voulons davantage... C'est le but de l'investigation : toujours en savoir plus. J'aurais pris mes jambes à mon cou si j'avais reçu la proposition de Bilel en face à face, mais là, un écran nous sépare. Il faut relativiser. André explose :

— Mais quel fils de p...! Il veut t'épouser, maintenant? me hurle-t-il, comme s'il s'adressait directement à Bilel.

André connaît bien les méthodes de propagande de l'EI, mais là, subitement, il réalise l'indicible derrière l'horreur. Il est père de jumeaux de treize ans, et ce phénomène d'enfants embrigadés le rend malade. Il est né en France, d'un père algérien kabyle, d'une mère espagnole. Il croit en Dieu, mais mise à part l'église de la Médaille miraculeuse où il dépose un cierge quand il souhaite vraiment voir un de ses vœux s'exaucer, il ne pratique aucune religion. Il a simplement la foi. Des caïds comme Bilel, il en a connu des tas dans sa jeunesse, à une époque où l'État fermait les yeux sur les petits délits. Il méprise viscéralement le leadership que Daesh impose par la contrainte. Que répondre à Bilel ? Mon binôme me conseille de botter en touche, et d'expliquer que, n'étant pas mariée, Mélodie ne souhaite pas arriver seule en Syrie. Si elle s'y rend.

Bilel rappelle. Je tire frénétiquement sur la cigarette qu'André me tend. On dirait qu'il me fait téter. L'usage du tabac comme celui de l'alcool sont prohibés et sévèrement punis par Daesh. En décrochant, Mélodie prétexte une mauvaise liaison internet et enchaîne directement sur ce qu'André m'a soufflé. Elle ajoute que, si elle entreprend ce voyage, son cousin l'accompagnera. Déjà, parce qu'une femme respectable ne se déplace pas seule. Ensuite, parce que lui aussi voudrait aider la cause. Mais les explications de Mélodie ne réjouissent pas le combattant.

— Si tu veux, mais je ne vois pas pourquoi. Tu n'as pas besoin de lui. Des dizaines de filles arrivent seules toutes les semaines... Tu n'es pas si courageuse que je le pensais, Mélodie.

À vingt ans, on cherche à revendiquer son courage et sa ferveur. C'est ce que fait Mélodie.

— Moi, je ne suis pas courageuse ? On voit que tu ne connais pas ma vie ! Si je dois tout quitter pour faire mon djihad, je voudrais d'abord trouver les réponses à mes questions, et ensuite venir accompagnée de mon cousin. Si je combats, je veux savoir pourquoi.

— Ah bon et c'est quoi ta vie, ma grande ? Si ton cousin était un *vrai*[1], tu le saurais... Mais si tu veux vraiment venir avec lui, fais comme tu veux.

Bilel affiche une mine contrariée. Je ne comprends pas sur l'instant, nombre de moudjahidines m'ayant expliqué que « guider les gens sur le sentier d'Allah » constituait un précieux sésame pour gagner le paradis, une fois mort.

— Tu n'as pas confiance en mon cousin ou bien tu préfères que je vienne seule ?

— Tu fais comme tu veux, mais tu n'as pas plutôt des copines qui voudraient faire leur hijra ?

Nous y voilà. Je jubile de voir la manière dont il va justifier à Mélodie que ça ne lui déplairait pas, si elle débarquait avec une cargaison de copines prépubères. André ne peut retenir un soupir de rage.

— Je ne sais pas trop, je reste très discrète sur ma religion, peu de gens sont au courant. Qu'est-ce que ça changerait que je vienne avec un homme ou une femme ?

— Rien. Simplement, vous les femmes en Europe, vous êtes maltraitées et utilisées comme des objets. (*Il soupire.*) Les hommes vous exhibent à leur bras comme des trophées. Il faut qu'un maximum de gens

_____
1. Un bon croyant selon la charia.

rejoignent Daesh, mais avant tout les plus maltraitées, comme les femmes.

Il ne me laisse pas le temps de réagir.

— Mélodie, réponds-moi... Veux-tu devenir ma femme ? Tu as entendu ce que je t'ai demandé ? Mélodie ? Tu veux m'épouser ?

— Je... Enfin... Ce sont des choses trop belles et personnelles pour en parler ici, et si vite...

Le fait d'entendre cela devant André me gêne encore plus. Je suis à deux doigts d'être obligée de minauder auprès de ce fou avec un ami pour témoin, qui me considère comme une petite sœur, et connaît mon petit ami. Je coupe la liaison vidéo. Bilel pourra continuer d'échanger avec Mélodie, mais uniquement oralement[1]. Je fais cela pour moi. Pour ne plus avoir à supporter ce visage désormais collé à l'écran, qui me paraît être dans la pièce. Et je change de sujet :

— Ma copine Yasmine est musulmane, mais elle se plaint de ne pas pouvoir honorer correctement son culte à Toulouse. Elle pourrait venir avec moi, mais j'imagine que ce n'est pas possible, vu qu'elle est mineure...

— Mais bien sûr que si !

— Elle n'a que quinze ans...

— Je me bats tous les jours pour instaurer la charia. Ici, les femmes doivent se marier à partir de quatorze ans ! Qu'elle vienne, Yasmine, je lui trouverai un bon frère à épouser, qui s'occupera bien d'elle. C'est un métier, ici, de mettre en contact les Européennes venues chercher un mari. Elles attendent

---

1. Les liaisons Skype peuvent être audio et vidéo, ou seulement audio.

dans un hôtel qu'on leur présente des frères moudja-hidines célibataires !

Yasmine n'existe pas. Mais combien de vraies Yasmine mineures tombent en ce moment même dans les filets des semblables de Bilel ?

— Bilel, je vais devoir raccrocher, ma mère arrive.

— Je t'attendrai demain. Comme d'habitude après les combats, à 20 heures. Inch'Allah... Bonne nuit, mon bébé.

Mon bébé ?...

Je me déconnecte. André se lève pour ouvrir la fenêtre. On étouffe dans cette pièce. Nous savions tout cela plus ou moins. Mais un tel rentre-dedans, aussi rapidement... André peste contre Bilel pendant que je fais les cent pas. En pleine confusion, comme moi. Consternation, colère, indignation, mais aussi une certaine satisfaction au vu du succès de nos premiers pas dans la psychologie du tueur. Il va falloir supporter son idéologie sanglante et entrer dans son jeu. Mais il est aussi entré dans celui de Mélodie : à aucun moment il n'a semblé se méfier de son interlocutrice, et le résultat, nous le pressentons, peut nous amener à quelque chose de conséquent. Le jeu en vaut-il la chandelle ? Toujours partagés, nous décortiquons les propos du terroriste. J'ai retiré immédiatement mon voile, mais pas ma robe. En me levant, je manque marcher dessus et m'étaler par terre. André, qui ne rate pourtant jamais une occasion de se moquer de moi, y prête à peine attention. Il finit par repartir chez lui, perturbé et paradoxalement envahi par l'adrénaline. Puis me bombarde de textos inquiets jusque tard dans la soirée. Mon collègue a très peu de défauts, en dehors de celui de ne pas être pédagogue... À en croire ses messages, je cours un risque énorme. Malgré les moqueries envers Bilel que nous nous permettons entre nous, il a, comme moi, pleinement conscience de la dangerosité de l'homme derrière l'écran. Il veut continuer, mais mieux vaut ne pas trop énerver le djihadiste. Ses représailles pourraient être terribles. «Faisons le sujet le plus court possible, Anna, me dit-il, et passons à autre chose.»

Mélodie

Mélodie est une valse à mille temps. Cette vie qu'elle a traversée comme une funambule l'a transfigurée en bombe à retardement. Elle ne veut de mal à personne, si ce n'est à elle-même. Elle est écorchée vive parce qu'elle se tue à vivre. Ce père qu'elle a si peu connu, Mélodie le pleure depuis vingt ans. Elle pense que sa naissance est la cause du départ de celui qu'elle n'a jamais pu appeler papa. Il ne désirait pas se marier, encore moins devenir père. La naissance du deuxième enfant a eu raison de sa patience aussi peu assidue que sincère. Il ne l'a jamais reconnue. Depuis qu'elle l'a appris, Mélodie s'évertue à réparer les cœurs brisés et les têtes bouleversées de ses amis, parce qu'elle n'a pas pu reconstruire le couple de ses parents. Et être «l'amie à l'écoute» se veut le rôle parfait quand, comme elle, on cherche à taire ses maux. Elle oublie son désarroi en venant en aide aux autres. L'espace d'un moment, elle se sent moins vide. Vingt ans qu'elle parcourt sa vie en aveugle, en y cherchant un sens, sans pour autant s'occuper du lendemain. La benjamine de ce clan de femmes est noyée en plein deuil de confiance en soi. Si Mélodie arrivait à mettre des mots sur les douleurs sourdes qui la rongent, elle avouerait à sa mère que, finalement, c'était peut-être mieux sans père à la maison. Que la maman courage s'est plutôt bien débrouillée avec ses deux petites. En général, les enfants partis au djihad gardent au moins le contact avec leur mère. Bien qu'ils tentent de les convertir, la fibre maternelle demeure le seul point d'ancrage qui fait écho à leur vie de jadis. Mélodie est volatile et imprévisible, comme tous les terroristes. Pendant qu'assoiffée d'interdits elle peaufine sa culture dans la rue, sa mère court après les petits boulots, et s'arrête de respirer au 15 de chaque mois. Les seuls horizons que mère et fille regardent ensemble esquissent la désillusion et la crainte. Plus jeune, Mélodie pensait que le jour arriverait où sa mère viendrait l'identifier à la morgue. Qu'est-ce qu'elle l'aime, sa mère ! Mais elles sont si différentes que Mélodie ne parvient pas à lui témoigner son amour. Les maux tus ont fait d'elle une enfant « à problèmes » pendant un temps. Puis, à force de silence, ils l'ont rendue vide. Vide d'amour, vide d'espoir. Elle traînait à l'époque avec une bande de filles qui s'illustraient dans son quartier difficile, celui de Bellefontaine, par leur violence et leurs vols à l'étalage. Elle ne les appréciait pas démesurément, mais elle trouvait en elles un peu de réconfort quand les journées de cours séchés traînaient en longueur. La plupart des filles, toutes mineures et armées d'appareils dentaires, étaient coutumières des nuits passées au poste à jouer les sourdes-muettes. Pour vols à l'étalage, mais aussi pour « bagarres »... Leur spécialité : taper fort. Peu importe l'embrouille, et même si l'adversaire porte un pantalon. Sur des aires de parking ou dans des parcs, elles consacraient le plus clair de leur temps à boire du Fanta et à se partager des Filet-O-Fish en dansant sur les rythmes à la mode. Souvent, Mélodie s'ennuyait. Elle se jugeait sans intérêt et s'étonnait de faire partie d'un groupe. Les discussions sur la téléréalité du moment ou bien le dépucelage d'une fille qu'elle ne connaissait pas, elle ne parvenait pas à s'y intéresser. Comme elle se sentait si différente des autres, l'explication résidait forcément en elle : elle devait avoir un problème... Son histoire personnelle a beau être triste, elle est banale, comparée aux vies qui l'entourent. Quand ses amies lui confiaient leurs malheurs, Mélodie les réconfortait sans jamais souffler mot sur son propre malêtre. Elle n'a jamais aimé attirer l'attention sur elle. Elle ne cherche pas non plus à être plainte, juste aimée. Peu à peu, elle est devenue indifférente au monde qui l'entoure. Parallèlement, les filles de la bande assuraient sa protection : issues de l'immigration, elles étaient toutes originaires de quelque part. Mélodie est blanche et ne connaît que le prénom et la date de naissance de son père. Elle a toujours voulu naître ailleurs, sans savoir où exactement. Elle a fumé du cannabis, jusqu'à ce qu'elle n'ait plus l'âge de « faire tourner » : chacune le sien. Et puis ça lui est passé. Encore quelque chose qui a contribué à lui faire perdre toutes ses illusions. Dans le quartier toulousain de « Bellefo » où elle a toujours vécu, les rumeurs, souvent à mauvais escient, se propagent beaucoup. Beaucoup trop. À certaines phases de sa vie, où ses oreilles traînaient, elle s'est aveuglément permis de braver certains interdits. Elle a frôlé la petite délinquance. Sa perception de la nuance entre le bien et le mal est devenue de plus en plus trouble, de plus en plus poreuse. Mais, comme tout ce qu'elle a goûté jusqu'ici, l'adrénaline évanouie, Mélodie ne se sentait pas mieux dans sa peau. Voire nettement moins bien, quand elle esquivait le regard de celle qui l'a mise au monde, en rentrant d'une journée passée au poste de police du coin de la rue. Elle tentait de se prouver quelque chose ou peut-être de combler son gouffre intérieur. Sa nature crédule ne l'aide pas à différencier les bonnes actions des mauvaises. Dans un temps féerique, elle n'aurait pas voulu incarner Cendrillon, mais Robin des Bois. Son instinct de survie acquis en observant les larmes de sa mère et le désarroi ambiant de son quartier grisâtre l'a armée pour ne pas succomber à d'autres vices. Les garçons n'ont jamais vraiment suscité d'intérêt à ses yeux. Quelques flirts peu mémorables ont eu raison de son appétit pour le sentiment amoureux. Elle voudrait se réserver pour le grand amour : «celui qui rend fou», comme lui assène sa mère telle une sentence, depuis sa plus tendre enfance. Inconsciemment, Mélodie recherche un père davantage qu'un amoureux. Un homme protecteur et suffisamment fort pour lui donner l'audace et l'énergie de vivre. Une personne en qui elle pourrait avoir une confiance absolue. Quelqu'un de mûr, comme Abou Bilel en somme. Il incarne un atoll dans sa vie déserte. Il catalyse son obsession de ne pas se résoudre à mener une vie terne et solitaire, comme celle de sa mère. Mélodie voit en lui l'unique remède à ses malheurs. Venir en aide au peuple syrien semble un destin bien plus ambitieux qu'emprunter celui qu'elle croit déjà tout tracé. Elle n'arrive plus à conjurer la douleur qui l'habite. C'est assourdissant comme elle a mal. Elle voudrait le hurler, le pleurer. Mais on lui a appris très jeune que se plaindre revenait à se victimiser. Et les faibles, là d'où elle vient, on les méprise.

Chez elle, Mélodie se claquemure des heures durant dans la chambre qu'elle partage avec sa grande sœur, souvent absente. Les posters de *Scarface* cohabitent avec ceux de Rihanna et de Mister You. Elle aime y être seule et laisser parler ses émotions en poussant le son de la radio au maximum. Elle s'enferme dans une boîte à musique et c'est peut-être le seul moment de la journée où elle se sent un peu plus légère. Elle surfe sur tout un tas de Skyblog et de comptes Instagram, puis ses pensées voguent sans plus de notion du temps en écoutant les chansons de Diam's. La chanteuse aussi a grandi sans père, nourrissant un sentiment d'abandon permanent. En me plongeant dans ses albums pour mieux façonner la personnalité de ma Mélodie, je découvre dans les paroles de la chanteuse une petite fille écorchée, comme mon double numérique, qui crache ses déboires sur son mal de solitude. Mélodie écoute beaucoup «Petite banlieusarde», mais ce soir, après sa conversation avec Bilel, elle passe en boucle la chanson « T.S. », qui pourrait décrire n'importe quelle gamine ou presque, dans une période de détresse :

> *Je fais partie de ces jeunes perdus, souriant par politesse,*
> *Entourés mais pourtant si solitaires...*
> *J'ai le mal de l'ado en manque à bout de souffle...*
> *Eux ils sont forts, moi je ne suis rien.*
> *Je veux partir pour mieux revenir...*
> *Et devenir quelqu'un... Quelqu'un de bien parce que je reviens de loin.*

Comme Diam's, Mélodie se sent « à bout de souffle ». Ce mal de vivre touche un nombre considérable de jeunes de moins de vingt et un ans. Les mœurs de certains adolescents d'aujourd'hui contribuent à agrandir la brèche dans laquelle s'est engouffré Daesh. Peu importe le milieu social ou les motivations cachées, l'organisation terroriste regorge d'arguments imparables pour les attirer dans ses filets. Que le candidat veuille combattre ou faire de l'humanitaire, Daesh détient une solution pour tous. L'organisation procure l'illusion d'accorder de l'importance à ces gamins perdus pour mieux les déposséder et les reformater. Comme un gourou enrôlerait ses fidèles. La nébuleuse permet aussi à celui qui se revendique calife de le devenir vraiment. Après tout, son arme favorite réside en Internet, et ces pauvres apprentis djihadistes ne passent que du statut de pion numérique à celui de chair à canon. La preuve : en à peine plus de quarante-huit heures, Mélodie est promise à un mariage d'amour et à une vie idyllique.

Mais quelque chose manque pour la persuader de franchir le pas. Laisser sa famille la terrifie. Malgré les disputes qu'une mère célibataire peut entretenir avec ses deux jeunes filles, l'amour et la solidarité ne leur ont jamais fait défaut. Alors Mélodie s'affaire à visionner des dizaines de vidéos sur YouTube, pour se convaincre. Depuis toujours, elle entend que tous les Américains sont des monstres qui torturent les prisonniers musulmans de Guantánamo. Elle est touchée par la souffrance des enfants en Palestine et en Syrie, qu'elle croit devoir attribuer aux pays occidentaux. Dans le quartier, on dit haut et fort que Mohammed Merah, originaire comme elle de Toulouse, n'est qu'une invention. L'État français et la communauté juive auraient orchestré la symphonie barbare du tueur au scooter. Il ne serait rien d'autre que le malheureux bouc émissaire d'un complot visant à stigmatiser les musulmans de France. Cette dernière rumeur la laisse tout de même perplexe. Tuer un enfant va à l'encontre de ce que prône l'islam. Mais en même temps, Bilel a fait référence au tueur au scooter comme étant un serviteur d'Allah. D'une vidéo à une autre, elle visionne celle d'Omar Omsen, dont elle connaît la réputation mitigée. Ce Franco-Sénégalais de trente-sept ans, recherché activement par les justices française et belge, serait l'un des cerveaux d'une importante filière de départs au djihad pour le Moyen-Orient. Les différentes cellules de la DCPJ, la Direction centrale de la police judiciaire, ont manqué s'étrangler en apprenant le départ de sept membres d'une même famille niçoise, dont quatre enfants, organisé par lui, en octobre 2013. Sur YouTube, il publie régulièrement des vidéos de lui où il loue la charia. Omar Omsen invite ses auditeurs à ne pas respecter les lois du pays où ils résident, mais uniquement les lois islamiques, celles de la charia. Il manœuvre pour non seulement les lobotomiser, mais aussi pour les culpabiliser. Il répète sans cesse : «Un bon musulman ne vit pas dans un pays de mécréants. Vous êtes des meurtriers si vous n'aidez pas à établir un État islamique. Pendant que vous faites simplement vos prières, et que vous relisez le Coran, d'autres se battent pour Allah, le seul, l'unique, qui aurait voulu que l'on instaure un califat à échelle mondiale.» Comme la plupart des recruteurs du djihad, qui ne traînent plus seulement aux abords des mosquées vêtus de djellabas, il vit à l'abri des bombes dans un pays européen où il bénéficie de toutes les facilités qu'il désire. Mais voilà que sur une autre vidéo, il se trouve sur un bateau. La mer est agitée et, les yeux brillants, il compare l'écume blanche à la pureté et à la plénitude que procure l'islam, si on l'applique rigoureusement. Mélodie dérive. Elle chavire en repensant à l'écume immaculée censée représenter sa religion. Petit à petit, elle se laisse entraîner dans la fascination des autres. Au moins leur imaginaire est riche en histoires et en jolies rencontres. On dit que la thèse du loup solitaire n'existe pas. Le brillant juge antiterroriste Marc Trévidic explique très clairement ce point. En général, même s'il existe des cas de djihadistes isolés, on ne prend pas seul cette décision : il y a toujours une personne près de vous qui vous formate et vous encourage jusqu'au passage à l'acte. Cette interprétation n'engage que moi, mais je pense que, dans le cas de l'affaire Merah, sur laquelle beaucoup d'interrogations subsistent, sa sœur aînée, Souad, a tenu ce rôle de mentor jusqu'à ce qu'elle obtienne de lui une radicalisation totale. Récemment, Souad a quitté définitivement Toulouse pour la Syrie, avec ses quatre enfants sous le bras, dont le dernier âgé d'un an, prénommé Mohammed, «en hommage» à son «héros», dont elle est «fière», comme elle l'a maintes fois déclaré, publiquement ou non. Les autorités françaises ont pris connaissance de son départ seulement une fois qu'elle se trouvait en Syrie... Dans le cas de Mélodie, ce guide sera Bilel.

Mélodie saute d'une idée à une autre sans l'approfondir. Quitter Toulouse reviendrait aussi à cesser enfin d'emprunter cette maudite ligne A depuis la station Reynerie, qu'elle connaît de fond en comble. Elle ne supporte plus ces sièges décrépits, mais, surtout, elle étouffe à la vue du paysage urbain qu'elle traverse quotidiennement. Il est devenu l'image insupportable de sa grisaille intérieure. Chaque matin depuis dix ans, le train avance à travers le quartier du Mirail pendant que les écouteurs de son MP3 la conduisent ailleurs. Là-bas, en Syrie, au moins ses journées ne pourront pas être pires qu'ici où elle se force à se lever sans savoir pourquoi. Elle pense à ce que fait Bilel à ce moment précis.

Son instinct de survie, étoffé par son expérience de la rue, l'incite à ne pas succomber immédiatement aux charmes de son courtisan. Pourtant, il est déjà trop tard. Mélodie l'entrevoit comme un roi. Et elle a toujours nourri le rêve de devenir reine.

Jeudi

Au réveil, comme chaque matin depuis bientôt une semaine, je trouve plusieurs messages affectueux adressés à Mélodie par Bilel. Ils sont plus nombreux que ceux que je reçois de Milan. Tous commencent par « mon bébé »... J'ouvre à peine les yeux, je souhaiterais les refermer. La télévision diffuse *Oggy et les cafards*, un dessin animé que j'aime bien. Les petites bestioles enchaînent les idioties, et m'offrent un sas de transition avant de me replonger dans la peau de Mélodie. J'écoute la radio : gros titres consacrés à un énième français mineur parti faire le djihad en Syrie. J'éteins. Les chaînes d'information en continu, relatent en boucle le départ du « djihadiste de la semaine ». J'éteins. Je m'attelle à la lecture de ma correspondance. Le guerrier raconte qu'il part au combat et souhaite s'assurer que Mélodie passera une agréable journée. Ses propos n'engagent en rien la religion. Il ressemble à n'importe quel amoureux meurtri d'être séparé quelques heures de sa toute nouvelle petite amie. Je voudrais l'amener à me confier davantage d'informations et de précisions sur les projets de sa milice. Et lui m'entraîne dans un plan drague qui me met mal à l'aise. À moi de savoir savamment doser les attitudes de Mélodie.

Abou Bilel remplit mon emploi du temps à lui tout seul. La journée, je vérifie ses dires au bureau. Le soir, mon avatar prend le relais pour discuter avec lui sur Skype, en quête de nouvelles révélations. Hier, Abou Bilel affirmait encore se trouver près d'Alep. La jeune Mélodie aurait pu le croire. Mais les sites internet spécialisés sur le Moyen-Orient m'aident à y voir plus clair au jour le jour sur les derniers combats et prises de territoire. L'EI a déserté Alep depuis au moins six mois. Compte tenu de la division que subit la deuxième ville de Syrie, partagée entre les loyalistes et les rebelles bombardés régulièrement par l'armée de Bachar al-Assad, il me semble peu probable que Bilel y ait trouvé refuge. Comme je l'ai pensé dès ma première conversation Skype avec lui, il se situe probablement du côté de Raqqa, le fief de l'EI.

Ce soir, une sérénité plus grande nous habite, André et moi. Commencerions-nous à nous habituer ? L'appréhension revient tout de même à mesure qu'approche l'heure de l'appel de Bilel. Le moudjahidin débite sur un ton guilleret de telles atrocités qu'il est difficile ensuite de trouver un sommeil paisible. Et puis je ressens toujours la même gêne quand je me substitue à Mélodie et laisse Bilel la courtiser comme n'importe quel rouleur de mécaniques, contrainte d'entraîner mon personnage dans son petit manège. Si je veux demeurer insoupçonnable à ses yeux et obtenir le récit de ses journées passées à «couper des têtes», esquiver toutes ses avances est impossible. Je suis bien obligée de lui renvoyer de temps à autre un compliment, d'afficher un sourire de femme séduite, bref de jouer la comédie. Or je ne suis pas comédienne. La présence d'André complique un peu plus cet exercice déjà vertigineux.

Nous achevons de vérifier la mise en scène de notre décor Skype lorsque Bilel envoie un message demandant à Mélodie de l'appeler. Il est précédé de plusieurs :

«Mélodie.»

«Mélodie ??»

«Mélodie, mon bébé ?»

«Mélodie ???»

Je me connecte. Aujourd'hui, le voici seul dans un cybercafé. Il a plaqué ses cheveux avec du gel et troqué sa tenue de guerrier contre un style plutôt décontracté. Son assurance XXL l'escorte toujours. D'une voix innocente, j'attaque fermement en m'appuyant sur les éléments concrets dont j'ai pris connaissance plus tôt dans la journée.

— Tu vas bien ? Je me suis inquiétée pour toi : des amis m'ont dit qu'aujourd'hui une bataille sanglante a eu lieu, impliquant Daesh. C'est vrai ? C'était où ?

— Tu t'inquiètes pour moi ? C'est que tu tiens à moi, alors...

— Réponds-moi sérieusement, on ne rigole pas avec ce genre de choses. Ça s'est passé où ? Il y a eu des morts ?

Plus Mélodie lui paraît inquiète et crédule, plus il exulte, flatté de susciter l'intérêt de celle qu'il voudrait pour épouse. Son expression ravie, faussement dissimulée, rend son sourire d'autant plus arrogant.

— Je t'ai déjà dit que je suis du genre humble... Je n'aime pas me vanter... Mais rassure-toi, Allah nous a protégés, une fois de plus, contre le démon. Des rebelles nous ont tendu une embuscade à trente kilomètres de l'endroit où je me trouve actuellement, pour affaiblir les troupes de Daesh. Mais on n'est pas les meilleurs pour rien : on a toujours un coup d'avance. Ils ont connu la mort, et je peux t'assurer qu'ils n'iront pas au paradis.

— C'est toi qui les as tués ?

— Tu poses trop de questions, toi ! Disons que j'en ai égorgé quelques-uns... En tout cas, ils ont passé un sale quart d'heure, je te l'assure !

Sur ce point, je suis certaine que Bilel ment. Comment aurait-il pu couper des têtes toute la journée tout en appelant Mélodie plus d'une dizaine de fois et en l'inondant de messages ? Ce sont juste des rodomontades pour l'impressionner. Et puis ne lui a-t-il pas expliqué précédemment qu'il se tenait volontairement en marge des combats pour ne pas mettre sa vie en danger ? Au final, qu'il ait égorgé des hommes aujourd'hui ou hier ne change rien à l'horreur de ses actes. Ce type tue de sang-froid depuis des années. Et il se permet de faire couler le sang au nom d'une religion. La veille encore, Bilel racontait cyniquement à Mélodie que, s'il faisait partie d'un cartel mexicain, dont les membres ont pour coutume de se tatouer sur la peau un trait à chaque vie qu'ils anéantissent, il serait recouvert d'encre indélébile. J'imaginais ses bras ainsi. Avant de me souvenir que l'islam prohibe les tatouages. Je me reconcentre, et Mélodie poursuit ses questions à la curiosité morbide :

— Oh là là... Tu prends beaucoup de risques pour ta vie, quand même... Combien d'adversaires sont morts, et qu'as-tu fait de leurs corps ?

— On a dû en exploser au moins une vingtaine. Leurs corps n'ont qu'à pourrir dans un charnier ! C'est tout ce qu'ils méritent ! Je ne m'occupe pas de la logistique... Mais ne t'inquiète pas pour moi... Parle-moi de toi, bébé.

— J'ai regardé plein de vidéos sur l'EI cet après-midi. Justement, j'aimerais bien que tu m'expliques, car tout le monde dit tout et son contraire...

— Il n'y a qu'une chose que tu dois savoir : le véritable islam, c'est la restauration d'un califat, et les seuls qui dévouent leur vie à cette cause, c'est Daesh. Tous les autres, c'est des mécréants.

— Alors aujourd'hui tu t'es battu contre quel genre de mécréants ?

— Contre ces kouffar d'al-Nosra. Ils ont goûté[1], crois-moi.

Un sourire de contentement aux lèvres, Bilel brandit son téléphone et dévoile furtivement une photo de cadavres mutilés. Il jubile.

— Je n'ai pas bien vu, remontre-moi !

— Non, je te garde le meilleur pour ton arrivée...

— Mais c'était bien des têtes coupées ?

---

1. Souffert.

Pour toute réponse, il adresse un clin d'œil à Mélodie, un grand sourire aux lèvres.

— Tu tues des gens... Ce n'est pas en accord avec l'islam que j'ai choisi.

— Ma sœur, les guerres ont toujours précédé la paix. Et je veux la paix, comme Allah nous l'ordonne. Comme ça, nous pourrons fonder une famille, ici, tous les deux... Mashallah, mon bébé. Tu ne m'as jamais dit si tu me trouvais beau ? Réponds-moi sincèrement.

Depuis le début de leurs échanges, Mélodie esquive le sujet. Je ne sais plus quelle parade adopter. Je ne peux plus reculer. Tous les jours, il me parle de mariage. Ses questions, toujours de cet ordre, se font de plus en plus insistantes. Je suis au pied du mur : obligée de feindre des sentiments pour un assassin. La bouche en cœur. De surcroît en paraissant sincère. Plus que jamais, je m'improvise actrice.

— Tu es beau... Et tu es courageux, c'est admirable chez un homme.

— C'est gentil. Quoi d'autre ?

— Tu as de beaux yeux.

Je tente de le flatter au minimum, mais j'estime que c'est déjà un bien trop grand maximum.

— C'est un compliment de femme, ça ! Tu as envie d'aller plus loin avec moi ?

— C'est gênant de répondre à ça... Tu sais mieux que personne qu'une femme respectable ne s'adresse pas à un homme qui n'est pas de son entourage proche.

— Oui, mais je t'ai demandée en mariage...

— On en parlera, laisse-moi un peu de temps... Tu ne m'as pas répondu, où s'est déroulée l'offensive ? Es-tu blessé ?

— Ah ! Comme tu es mignonne et innocente ! Non, je ne suis pas blessé. Je suis un vrai, moi... Pour me faire tomber, il faut se lever tôt. Toi, tu es pure, alors je suis doux avec toi. Mais avec les apostats, je suis un massacreur. Sinon, la plupart du temps, je rejoins une ville que j'aide à reconstruire.

— Comment ça, reconstruire ? Où ça ?

— Une ville proche de l'Irak, qui a été pillée par l'armée syrienne. Tout est à faire là-bas. Disons que nous voulons faire de la plus pauvre des villes syriennes la plus riche. Et on y vivra heureux, ensemble, Mashallah.

Bilel désigne Deir Ezzor, une ville de l'Est syrien située sur les rives de l'Euphrate, à quatre cent cinquante kilomètres de Damas, et proche de la frontière irakienne. Dernièrement, la moitié de la cité était aux mains des rebelles syriens, et l'autre contrôlée par le régime d'Assad. En utilisant ses méthodes sanglantes de prédilection, l'EI a réussi à chasser les rebelles en s'emparant de la totalité de la province, ainsi que de la majorité des champs pétroliers. Le djihad religieux de l'EI est aussi le djihad du pétrole. Daesh en produit plus que le gouvernement syrien. Les chiffres divergent selon les positions politiques et religieuses, mais le trafic de l'EI s'estime à une recette quotidienne d'environ 1,5 million de dollars, entre l'Irak et la Syrie. La production du gouvernement de Bachar al-Assad, elle, a chuté à 17 000 barils quotidiens. Des millions qui rentrent toutes les semaines, une armée dont les rangs grossissent de jour en jour et une artillerie lourde ne peuvent que contribuer à renforcer Daesh... Leur chute ne sera en rien rapide. Ensuite, ils se délocaliseront sur un autre territoire, comme ils l'ont fait en passant de l'Irak à la Syrie... Comme la Libye, la Jordanie, une partie du Liban... Mais encore une fois, je ne suis pas thésarde en la matière, et le Liban tout comme la monarchie jordanienne ont de précieux et différents alliés, qui ne les laisseront pas se faire envahir. Hier, je conversais sur Twitter avec un moudjahidine quand je suis tombée par hasard sur le cliché d'une fillette en train d'écrire sur un mur de Raqqa, devenue une cage dans l'enfer : «Votre djihad, c'est celui du pétrole»... Bien entendu, Bilel se garde bien de souffler mot de ce business juteux à Mélodie. Le marché du pétrole, c'est un peu comme le capitalisme, ça ne lui parle pas beaucoup.

— Comment t'y prends-tu pour faire prospérer cette ville ? En créant des écoles et des hôpitaux, par exemple ? Le pétrole ça vaut vachement de thunes, ça pourrait aider à la reconstruction, non ? Ça rapporterait de l'argent.

Cette fois, c'est lui qui est pris au dépourvu. Il se gratte nerveusement la tête et esquive le regard de Mélodie. Baisse les yeux. Cherche ses mots. Le temps de trouver avec quels mensonges la rendormir. Il serait délicat d'avouer qu'il a massacré un nombre considérable d'hommes dans un but qu'il assure à terme humanitaire, et qui, en réalité, demeure aussi une affaire de sous. Et de gros sous. Je jubile toujours de ces petits instants où Mélodie le coince innocemment. D'une voix fuyante, il finit par répondre, la tête toujours baissée. Le mensonge transfigure le peu que j'aperçois de son visage :

— Oui, entre autres. Mais pour l'instant, il faut enrichir la ville, et la construction d'hôpitaux, ça coûte cher. Deir Ezzor s'est fait voler beaucoup en pétrole ces dernières années par le gouvernement en place. Alors nous, Daesh, on se débrouille pour le récupérer et le faire fructifier. Mais c'est du gros labeur, pour le moment, ça ne rapporte rien ! C'est un peu comme semer des graines dans un champ et attendre que ça pousse. Mais tu n'as pas à t'embêter avec ça ! Ne perds pas ton temps avec le capitalisme, demande-moi autre chose !

Visiblement, mes questions le gênent. Mélodie doit gagner davantage sa confiance. Je trouverai bien un moyen de revenir sur ce djihad du pétrole.

— Parle-moi de toi et de la vie que j'aurai si je décide de venir !

— Mais tu vas venir... Tu verras, tu vas te constituer ton petit monde et tu démarreras une nouvelle vie pleine de bonheur. Tu avais l'air d'aimer mes armes l'autre jour. Alors, à ton arrivée, tu prendras des cours de tir pendant une à deux semaines selon ton niveau.

— Pour me défendre ou pour tuer des mécréants ?

— Ça dépend. Tu peux tuer, tant que tu enlèves au monde une vie humaine qui ne respecte pas Allah. Il n'y a rien de mal à ça, au contraire, il le faut. Quand une femme est mariée, elle a le droit d'accompagner son époux sur le front. Quelquefois, on laisse nos chéries tirer, ça les éclate ! En général, elles aiment bien filmer nos échanges avec les ennemis.

90

— Ça veut dire que j'ai le droit de retirer la vie de quelqu'un, si j'estime qu'il n'applique pas les lois islamiques ?

— Exactement. Les kouffar c'est haram, on a le droit d'en faire ce qu'on veut. Tu peux les brûler, les étrangler, du moment qu'ils connaissent une mort atroce, ainsi tu rends service à Allah. Inch'Allah.

À ce moment, je pense que si j'étais de confession musulmane, je m'étranglerais d'entendre ces ignominies. Elles me révulsent même si je ne suis plus surprise par les horreurs que débite ce monstre avec un sourire de miel. Je me dois au moins de le titiller sur le sujet.

— Dans le Coran, il est dit qu'on peut condamner ceux qui ne respectent pas nos préceptes, mais je ne me souviens pas que ça rende service à Dieu que des hommes perdent la vie.

— Si ! Puisqu'ils tentent de nous éradiquer. Et nous, nous représentons la volonté de Dieu.

Mélodie allait embrayer sur une question quand Bilel la coupe. Il a une carte postale à vendre. Une vie idéale aussi.

— Mais on parle beaucoup trop de morts. C'est beau, ici. Il y a tant de choses à voir. La mer est magnifique, et les reliefs sont fascinants. Tu vas aussi te faire beaucoup de copines. Tu auras ta petite bande d'amies, vous ferez des trucs de gonzesses ensemble. (*Il rigole.*) C'est un vrai monde... Ton petit monde à toi désormais. La journée, quand je serai au combat, le matin tu peaufineras ton arabe, et l'après-midi tu feras ce que tu veux. Soit traîner avec les sœurs, soit visiter des hôpitaux et des orphelinats pour aider les enfants.

— Ah bon, j'ai le droit de sortir avec des amies, si aucun homme ne nous accompagne ?

— À la condition que tu te tiennes dignement. Les converties européennes de toute façon, vous êtes les plus oufs ! Dès que vous arrivez vous voulez tout de suite avoir une kalach et vous en servir ! (*Il rit, comme si cette vision l'attendrissait.*)

— J'aurai beaucoup de sœurs françaises à rencontrer ?

— Mais plein ! Surtout des Belges et des Françaises... Ce sont les plus nombreuses. J'te jure, elles sont limite pires que nous ! La mode pour elles, en ce moment, c'est la ceinture d'explosifs autour de la taille.

— Pour jouer les terreurs ?

— Ouais, ou surtout pour se faire exploser si besoin...

— ...

— Un dernier truc avant que j'oublie, bébé. Très important ! Très très important... Tu dois être couverte de la tête aux pieds ainsi que gantée. Le sitar[1] ici, c'est obligé ! T'en as un, j'espère ?

---

1. Mot d'argot désignant le double voile intégral où on ne distingue même pas les yeux de la femme.

Jeudi, 22 heures

Je regarde André, interloquée. Autant j'arrive à donner le change quand Bilel évoque certains aspects de la religion qui me sont étrangers ou bien certains mots d'arabe qui m'échappent, autant le sitar ne m'évoque absolument rien. André, accroupi sur le parquet devant moi avec son appareil photo, me fait signe que lui non plus ne sait pas ce que c'est. Nous avons beau chercher sur nos smartphones respectifs à la va-vite – un exercice périlleux pour moi sous l'œil vigilant de mon interlocuteur –, nous ne trouvons rien. Ce doit être un mot d'argot déformé au gré des modes. Dans la psychologie de fanatique de Bilel, le sitar pourrait bien être le deuxième voile qu'une femme déjà couverte se doit de rajouter selon certains préceptes radicaux. Je tente le coup, Mélodie baragouine qu'elle en possède un.

— Alors c'est bon, si tous ces aspects sont respectés tu pourras te balader. Mais seulement quand je ne suis pas là. Je m'occuperai bien de toi, je te le promets, mais il faut que tu comprennes que je ne suis pas un rigolo, j'ai beaucoup, beaucoup de boulot à faire, et quelquefois, je dois m'absenter plusieurs jours. Tu prendras bien soin de toi en attendant ton mari...

— C'est-à-dire ?

— Tu sais... Des trucs de fille... Des petits secrets pour rendre la peau douce par exemple.

Par moments, le cœur de Mélodie bat pour celui de Bilel. D'autres fois, il bat par sa faute, tant il arrive à la faire culpabiliser sur sa vie « royale » d'Occidentale. Paradoxalement, il lui vend un train de vie de nabab en Syrie, quand elle aura fini ses visites d'orphelinats ou autres. Elle se sent oppressée de répondre à ses exigences. Mais Bilel gagne sa confiance et elle ne se résout pas à trahir la personne qui croit enfin en elle. Quant à moi, je bouillonne presque autant qu'André, qui se décompose par terre, devant le poison de folie furieuse et meurtrière que Bilel tente sans relâche d'inoculer à l'inconscient de Mélodie. Et tout cela en moins d'une semaine... Les insinuations libidineuses de cet homme qui a presque le double de son âge dans l'unique but qu'elle lui serve de jouet un temps nous heurtent profondément. Mélodie ne relève pas cette dernière phrase.

— Je sens bien que tu n'es pas un rigolo, Bilel...

— On en parlera quand tu arriveras, mais ça fait longtemps que je suis dans le djihad.

Voilà qu'il parle du djihad comme un salarié parlerait de l'entreprise qui l'emploie...

— Depuis combien de temps tu es au Sham ?

— Un an. Avant, j'ai fait d'autres choses... Mais je

ne veux pas en parler sur Internet, les espions sont partout.

Il adresse un clin d'œil à Mélodie.

— Tu étais en Libye ?

— Exact ! T'es pleine de surprises, toi, dis-moi... T'es de plus en plus intéressante, mon bébé... *Bismillah.*

Rien d'étonnant pourtant, quand on sait qu'une majorité des djihadistes de Libye, souvent blindés d'armes de guerre, ont fui pour rejoindre notamment les rangs de Daesh. Je sens que Bilel aimerait vanter son expérience. Mais il reste prudent :

— Il faut que je t'en garde pour quand tu seras là. Je ne peux pas tout te raconter ! Déjà tu en sais beaucoup et tu as reçu des photos de moi en action ! Je te montrerai surtout toutes les merveilles d'ici... J'ai tellement hâte que tu arrives !

Nous échangeons encore un moment. J'arrive à glaner de maigres informations sur lui avec lesquelles je tente d'esquisser le portrait de l'homme qu'il était avant de devenir cet être revanchard, assoiffé de domination.

Dans une autre vie, Bilel s'appelait Rachid. Il a vu le jour à Paris, près de la porte de Clignancourt. Il a rapidement lâché les études qu'il suivait de toute façon par intermittence. Il dit n'avoir gardé aucun ami de ses vingt premières années, sur lesquelles il ne s'épanche pas. L'embarras se lit sur son visage légèrement bronzé. Je n'arrive pas à déceler s'il ment pour dissimuler son passé ou si sa solitude était telle qu'elle n'a enfanté aucun souvenir. En réalité, il me renvoie l'impression de n'avoir aucune attache. Il prétend n'avoir jamais été marié, car il se revendique «beaucoup trop acharné à Allah. Au boulot, en somme». Je le soupçonne d'avoir voulu emprunter l'autoroute de la fortune, de s'être retrouvé, à force d'échecs, sur celle de la religion, et d'y multiplier les sorties de route. La police me le confirmera plus tard, les dossiers de ses méfaits à l'appui. D'abord des délits variés allant du trafic d'armes légères aux vols en tout genre. Une manière d'obtenir facilement du cash et d'acquérir une petite notoriété territoriale. De confession musulmane, originaire d'Algérie, il s'est radicalisé au début des années 2000. Les RG de l'époque l'ont timidement surveillé, puisqu'il entreprenait de nombreux voyages au Pakistan, pays largement infiltré par al-Qaida. Mais Rachid se rendait là-bas pour suivre des cours religieux : il apprenait le Tawhid, un dogme fondamentaliste de l'islam. Comme me le confiera un agent au moment du dénouement de mon enquête : «On ne peut pas surveiller tous les gens qui partent se recueillir dans des pays pieux. Cela ne fait pas d'eux des terroristes et c'est là toute la difficulté. Soit on nous accuse d'être incompétents, soit d'être islamophobes.» Les autorités ne surveillaient pas Rachid à cette époque car elles ne détenaient aucune preuve tangible qu'il représentait une menace pour son pays d'origine.

Bilel confie également à Mélodie son souhait d'avoir des enfants. Il a d'ailleurs rapatrié la quasi-totalité de sa famille en «terre sainte». Notamment ses cousins. En Syrie, ils forment un clan puissant : les al-Firansi, nom invérifiable, al-Firansi signifiant «Le Français». Pourtant, il ne répond que très vaguement aux questions sur sa fratrie. Comme si quelque chose sonnait faux. Je découvre enfin en lui un sentiment humain et légitime : la solitude. Officiellement, il rallie sur Internet des fidèles à sa cause. En réalité, son prosélytisme constitue un moyen officieux de parer à son sentiment d'isolement.

Cela me fait penser aux jeunes djihadistes qui proposent aux journalistes des interviews sur le site « ask.com ». Souvent des rédactions m'ont demandé d'en réaliser. Je m'y suis toujours refusée : ces échanges ne valent rien. Ils ne font que répéter des inepties qu'ils ne comprennent pas eux-mêmes. Je décèle seulement maintenant que s'ils cherchent un contact, ce n'est pas seulement pour accroître leur notoriété. C'est aussi pour atténuer leur solitude. Comme n'importe quel ado, les apprentis djihadistes communiquent par SMS et s'expriment en abréviations. Les forfaits de textos illimités ont été créés pour cette tranche d'âge. Ils détiennent leurs propres codes et leur propre culture. Ils ont toujours connu à leur échelle une certaine autonomie en matière de technologie. Bilel, qui appartient à une autre génération, dite celle des « grands frères », a trouvé dans la religion ce qu'il a toujours recherché : la reconnaissance et l'apaisement. Lorsqu'il évoque ce dernier sentiment de plénitude, ses yeux s'illuminent d'une lueur que je ne lui connaissais pas encore. Peut-être suis-je naïve, mais, à cet instant, il m'apparaît sincère. Cette sensation s'évanouit en moi presque aussitôt. Si seulement le regard de Bilel transpirait une foi authentique... On dit que les yeux sont le reflet de l'âme. La sienne n'a rien de la plénitude qui habite les véritables croyants. La brève étincelle que j'ai entrevue reflète en réalité ce qu'il recherche au plus profond de lui : la vengeance. À moi de découvrir quelle revanche il estime lui être due, au point de se revendiquer «heureux d'avoir tué plus de cinquante mille personnes» dans sa vie...

Nous finissons par raccrocher. André me regarde. Il me demande de retirer l'attirail de Mélodie. Au moins le hijab : ce soir ça le perturbe particulièrement de me voir ainsi. La veille encore, je me précipitais pour enlever mon voile à la moindre coupure téléphonique... André affiche timidement un sourire rempli d'affection, mais écorné par sa rage envers Bilel. Il le traite de tous les noms. Il aimerait l'avoir en face pour lui dire ses quatre vérités et au passage «lui exploser sa tronche de con». Il évoque la décennie de ses vingt ans, dans un quartier populaire de Paris. Avant de devenir photographe, il a joué un temps au voyou. Il a même relaté ses aventures dans un livre passionnant qui enchaîne moments graves et scènes hilarantes et rocambolesques. La plupart des protagonistes y ont eux aussi, comme Bilel, eu affaire à la police. Souvent pour des cambriolages ou des affaires de deal. Mis à part ceux qui sont morts, accidentellement ou non, André a gardé contact avec chacun. Quelques-uns se sont convertis et ont changé de mode de vie. Mais aucun d'entre eux ne s'est radicalisé, encore moins n'est parti faire sa hijra. Cela le rend dingue.

— Au moins, nous, quand on jouait aux caïds, c'était au nom de rien du tout, et certainement pas de la religion ! Et on ne tuait pas ! C'est un barbare, cet

Abou Bilel, qui embrigade les jeunes et salit l'islam. Un fanatique ! Un criminel, rien d'autre ! Mais quel connard !

Je n'ai pas besoin d'avoir son vécu pour partager l'avis d'André. Pendant que j'enlève le déguisement de Mélodie, il me redit qu'il faut que l'on clôture ce sujet le plus vite possible, après une dernière conversation durant laquelle je devrai attaquer davantage les questions. Ensuite, je déconnecte tous les comptes numériques au nom de Mélodie, nous publions l'article. Et basta, l'histoire s'arrête. Sa marche à suivre est la bonne, bien entendu. Mais j'ai encore besoin de quelques jours. Ma couverture ne me permet pas d'être incisive. Mélodie face à Bilel, c'est le fragile pot de terre contre le robuste pot de fer. Je perds beaucoup de temps à rentrer dans le jeu de séduction de Bilel pour gagner sa confiance. Quitte à avoir pris le risque d'entreprendre cette expérience journalistique, il serait frustrant de ne pas la vivre jusqu'au bout.

Au journal auquel j'ai proposé l'article, à l'exception de quelques chefs et de mes deux collègues et amis Lou et Hadrien, personne ne prend encore vraiment mon sujet au sérieux. Comme une part de moi, d'ailleurs. M'imaginer à parler en « verlan » affublée d'une djellaba et d'un voile en baragouinant quelques mots d'arabe avec pour témoin André suscite surtout des rires. Personne, même pas André, ne perçoit l'exercice de schizophrénie maîtrisé dans lequel cette enquête m'entraîne. Ne serait-ce que lorsque, glacée par les dires de Bilel, je coupe la communication. Ce qui m'arrive de moins en moins. Aussitôt André s'adresse à moi. À Anna. Je n'ai même pas une seconde pour switcher de personnalité. Mon langage naturel revient, en même temps que le réflexe de saisir une cigarette. Je touche nerveusement mon doigt à la recherche de ma bague fétiche. Qui n'y est pas, puisque je prends soin de l'enlever avant chaque échange. Lorsque André découvrira le reportage fini, sa première réaction sera : «Tu t'es vraiment dédoublée, en réalité... Je n'avais pas perçu à quel point l'exercice était périlleux...»

Quelques jours plus tard

La plus grande partie de mes journées se déroule à la rédaction des deux journaux principaux pour lesquels je travaille, en qualité de pigiste. Ces derniers temps, je traîne surtout chez celui qui supervise mon reportage. Dans cette rédaction, nous nous connaissons bien. Il nous arrive d'avoir des prises de bec, mais avant tout, nous formons une grande famille. Une smala de torturés et touche-à-tout passionnés et dévoués à leur travail. Des jeunes adeptes de Stromae aux vieux ours qui fredonnent «La bohème» d'Aznavour, nous éprouvons tous beaucoup d'affection les uns pour les autres. Entre nous, le langage est cru et direct. Les mots ne nous effraient pas. Les maux, eux, nous atteignent de moins en moins au fur et à mesure que les années s'étiolent. Les cicatrices, elles, se creusent plus ou moins. Les immersions en reportage, parfois sur des sujets difficiles, voire douloureux, contribuent à rapprocher énormément une équipe.

Au fil des années, tout le monde a bossé avec tout le monde et connaît, au moins, des bribes de la vie de chacun. Le destin de reporter diffère de celui du journaliste derrière son écran. Se rendre sur le terrain, enquêter par soi-même en suivant son instinct relève d'un exercice qui ne s'apparente pas toujours au journalisme à proprement parler. Un exercice périlleux qui conduit à jongler entre son affect et le recul que l'on se doit d'observer par rapport aux sujets traités. Parfois ça ne nous atteint pas du tout. D'autres fois, il arrive qu'on y laisse un petit bout de soi. On voyage souvent seul, aussi, et si ce n'est pas forcément désagréable, cela reste toutefois particulier de se retrouver soir après soir en tête à tête avec son assiette de spaghettis bolognaise. Avec pour unique confident le réceptionniste de l'hôtel. Quand je frappe à la porte d'un mari dont la femme a disparu en faisant son jogging ou d'une mère sans nouvelles de son fils depuis des semaines, je ne me pointe pas cahier à la main et stylo dans la bouche, en leur demandant ce qu'ils ressentent. J'y suis. Pour moi, cela n'est jamais banal. Quand la porte daigne s'ouvrir, et que l'on me permet d'entrer dans une intimité où le temps semble suspendu, nous passons des heures à parler. Et souvent d'autre chose que du sujet pour lequel je viens les interviewer. Je partage, à mon échelle, un peu de leur peine et, comme mes confrères, je deviens une éponge à malheurs. Quelquefois, l'article n'est pas publié, et la déception que je ressens alors n'est pas due à une blessure d'ego mais au fait de ne pouvoir partager cette histoire que je souhaitais tant relayer. Heureusement, nous demeurons encore quelques reporters à bénéficier du luxe de pouvoir réellement rendre compte de ce que nous avons vu et appris sans avoir à plagier des dépêches AFP qui tombent en rafale. Nos supérieurs savent qui mettre en fonction du reportage. Ils connaissent nos atouts comme nos failles... De notre côté, nous savons sur qui nous pouvons compter. Dans ma famille à moi, il y a entre autres «la bande des jeunes», comme aiment nous surnommer les moins jeunes. Nous formons une équipe soudée, qui fonctionne à la bienveillance et aux conseils avisés. Dans notre métier, il est rare d'avoir des alliés. J'ai la chance d'en posséder de précieux. Comme Hadrien et Lou, notamment. Ces deux-là, que j'aime si fort, se sont vus embarqués bien malgré eux dans la vie à problèmes de la jeune Mélodie. Plus les jours défilent, plus leur inquiétude grandit face au portrait que je leur dresse de Bilel. Mais il se passe tant de choses dans nos vies respectives que les rires finissent toujours par l'emporter sur nos angoisses.

Ce midi-là, je provoque l'hilarité en leur racontant l'imagination et les réflexes qu'exige le rôle de Mélodie dans ce scénario qui s'écrit au jour le jour. Nous sommes attablés à la cafétéria avec d'autres amis et confrères, et déjà leurs gloussements résonnent quand je leur montre des photos de Bilel en rouleur de mécaniques mais surtout de moi en Mélodie. Lou se moque, et Hadrien lui emboîte le pas :

— Tu es sexy comme ça, dis-moi !

— Ton combattant, il se maquille toujours autant les yeux avant d'aller à la guerre ? Tu pourrais peut-être lui prêter ton crayon noir quand il n'en aura plus !

Cela me fait du bien d'ironiser sur cette histoire. Hadrien me demande si Bilel pense sincèrement que j'ai vingt ans. Il connaît mon passé dans les moindres détails, et ne conçoit pas qu'on puisse me croire si jeune. Je lui réponds que, bizarrement, le terroriste n'a émis aucun doute à ce sujet. Il semble se moquer complètement de mon âge. En fait, il se montre tellement sûr de lui, je crois qu'il ne conçoit même pas la notion de doute. Les questions fusent sur les ruses auxquelles je dois m'employer pour être convaincante. Je raconte quelques moments comiques mettant en scène André et ses acrobaties pour photographier Mélodie devant son ordinateur sans se faire voir. Mais je ne m'étends pas trop sur la dimension amoureuse que veut donner Bilel à l'«histoire».

— Et comment tu fais pour le skyper en visioconférence s'il ne te voit pas?

— Mais il me voit!

Pour preuve, je sors mon hijab que j'ai parfois avec moi, au cas où... Ça rigole de plus belle.

— Mais tu es complètement folle! me lance une partie de l'assemblée, hilare.

— Et quand il te parle en arabe? pouffe une copine.

Je sors de mon sac un gros livre coloré en jaune et noir, l'arme ultime : *L'Arabe pour les nuls*. Là, je crois qu'ils ont tous failli s'étouffer de rire. Bien que Bilel et Mélodie discutent toujours en français, ils emploient très souvent des mots et des expressions arabes. Mes amis me font répéter les quelques phrases que je lui rabâche et s'esclaffent de mon mauvais accent.

Nous plaisantons, jusqu'à appeler Bilel «mon futur mari». J'en ris, et ça dédramatise le contexte. En remontant, Lou me prend à part, et me supplie de faire preuve de la plus grande prudence. Mon récit était très drôle, mais, pour autant, elle ne sent pas du tout ce reportage. Avant de regagner son bureau, Hadrien me tient à peu près le même discours. Il ajoute simplement que je tiens un bon sujet, si j'ai réellement un gros poisson en face de moi. Hadrien ne sait pas précisément à quel point Bilel est haut dans la hiérarchie de l'EI, et moi-même je l'ignore encore, même si j'ai déjà pu établir qu'il y occupe un rôle important. Après cette pause, chacun retourne à ses occupations. L'écran de mon ordinateur affiche la page d'accueil du site extrémiste «Sham news». Il peut regorger de bonnes informations, bien qu'il soit pro-Daesh, donc tout sauf impartial.

Dans l'après-midi

Après plusieurs heures de vérification des alléga-
tions de Bilel, j'ai la surprise de découvrir sur mon
adresse professionnelle un mail de Guitone, «l'attaché de presse». Lui sait qu'il parle à Anna la journaliste. Il ne connaît pas l'existence de Mélodie.

Guitone vient aux nouvelles. Il semble s'ennuyer
depuis une terrasse où il me dit «surveiller les
intrus». Je l'imagine perché en haut d'un mirador à
souffler la corne en cas de danger comme dans
la série à succès *Game of Thrones*. Quelque part, les
deux univers ont quelque chose de comparable.
Comme dans la fiction, l'EI défend ses territoires
quand il ne s'occupe pas d'en conquérir de nouveaux.
La vie ne représente rien, on viole et on vole. On se
sert de ce sang versé pour plaider une cause, alors
qu'il n'est question que de luttes de territoire. Je me
dis qu'étant français, Guitone connaît forcément
Bilel : c'est le *Who's Who* des islamistes qui occupent
la Syrie ! De toute façon, il connaît tout le monde.

Je prétexte avoir lu un article concernant un certain Abou Bilel, le connaîtrait-il par hasard ? Guitone me répond positivement. J'exulte. Surtout, il ajoute : «C'est pas un rigolo, Bilel. J'ai un énorme respect pour lui. Il nous enseigne les techniques de guérilla qu'il a acquises auprès des Tchétchènes. C'est un émir. C'est surtout le combattant français le plus proche d'Abou Bakr al-Baghdadi.» Guitone termine sa phrase par une dizaine de points d'exclamation, histoire de souligner lourdement l'importance du lien entre Bilel et Baghdadi. Il ne pouvait pas mieux me tendre la perche : je demande innocemment si Baghdadi est le chef de Daesh. Je connais la réponse, mais je veux voir comment il va me la présenter. Oui, me rétorque-t-il, Baghdadi est bien à la tête de l'EI. Guitone affirme que même lui ne sait pas où il se trouve. Mais le leader supervise tout. D'ailleurs, «il sera bientôt le calife suprême, comme l'histoire l'écrit». Là-dessus, il s'évertue à éviter mes questions et me parle de ses nouvelles Nike, parce que «en Syrie, ça coûte que dalle». Il me demande de bien le préciser dans mes articles. Je prends congé de mon correspondant, et fouine sur le Net de nouvelles infos sur Baghdadi.

Je ne trouve rien de plus que ce que je sais déjà : Abou Bakr al-Baghdadi, de son vrai nom Ibrahim Awad Ibrahim Ali al-Badri, et connu pour avoir diverses identités, est un Irakien de quarante-deux ans. Le gouvernement américain promet 10 millions de dollars à quiconque livrerait des informations permettant d'aider à le localiser. J'apprends une chose : le magazine *Time* vient de le désigner comme l'homme le plus dangereux du monde... Et moi je viens d'avoir la confirmation que ce belligérant aguerri et ultraparano a pour homme de confiance français... Bilel, qui me prend pour sa future épouse ! Hier, Bilel racontait à Mélodie que les deux hommes s'étaient rencontrés dans une ville frontalière de l'Irak et de la Syrie... Je n'y croyais pas une seconde. Bilel, bras droit français du leader de l'EI, vraiment ? Je repense au «gros poisson» dont m'a parlé tout à l'heure Hadrien, dans le couloir.

Je prends une grande respiration. Tout va bien se passer.

Je lève la tête pour partager cette information avec les collègues dont je partage le bureau. Elles me vannent toujours gentiment. Je rigole avec elles. Pendant ce temps, Facebook continue de bombarder le compte de Mélodie de notifications de Bilel. Les deux mêmes messages reviennent une dizaine de fois :

«T'es là ?»

«Mon bébé !!! Allô !!!!! Allô !!!!! »

Je lui répondrai ce soir. Pas devant autant de gens... Raconter est une chose. Devenir celle qu'on scrute en est une autre. Je me sens un peu oppressée mais pas vraiment inquiète. Au contraire, quitte à jouer tout ce cinéma, autant que l'histoire de Mélodie et Bilel m'amène le plus loin possible dans les découvertes. Ce serait stupide d'avoir déjà pris des risques pour m'arrêter à ce stade. J'évolue dans un microcosme entourée de reporters dont certains ont couvert de la première guerre du Golfe au début du printemps arabe. Je les regarde régulièrement partir, munis d'un gilet pare-balles, dans ces pays en guerre, comme d'autres prennent le métro. Je me suis moi-même fait peur à diverses reprises sans avoir besoin d'aller bien loin, lors d'émeutes meurtrières en France opposant l'extrême gauche à l'extrême droite, les manifs anti-immigrés, anti-tout, ainsi qu'en Turquie ou ailleurs. Mais là, je suis à Paris... Le risque, dont j'ai pleinement conscience, me paraît dérisoire par rapport à ceux que d'autres confrères prennent. Je pressens qu'il y a un danger, mais je ne ressens pas la menace. En réalité, c'est parce qu'elle est suspendue.

Mes différentes conversations de la journée font écho en moi à cette célèbre réplique de Michel Audiard que mon frère aîné aime à répéter : «Deux intellectuels assis iront toujours moins loin qu'une brute qui marche.»

Le même jour, 17 h 30

La journée se termine. Je pars du journal directement avec André. Depuis ce matin, il n'a pas cessé de me demander si j'allais bien. Et seriné, une fois de plus, que le reportage devait vite s'achever. Mon calme l'étonne. Son inquiétude me touche. Mais André a raison. Si Baghdadi est réellement l'homme qui se cache derrière le mal, si sa proximité avec Bilel se confirme, mieux vaut rapidement conclure mon investigation. J'ai informé le chef qui supervise le projet que Baghdadi pourrait être lié à l'affaire, André pas vraiment. Si l'envie d'en apprendre davantage, d'aller au bout de mon rôle de reporter domine mes réticences, je commence à percevoir qu'elle amoindrit mon instinct de protection. Néanmoins Bilel est une véritable mine d'informations. J'y vois déjà plus clair sur les mœurs de Daesh en si peu de temps ; ça vaut le coup de poursuivre encore un peu... Un tout petit peu. André me conseille d'abréger les discussions dans la durée et de poser plus de questions

directes. Je lui rétorque que cela éveillerait les soupçons de Bilel, que si je veux que le pot de terre par-
vienne à maîtriser le pot de fer, Mélodie doit continuer
d'être une oreille attentive et patiente aux états d'âme
du terroriste et que cela ne peut se régler en une seule
dernière conversation. S'il se joue odieusement d'elle
et de ses sentiments, comme probablement de toutes
les autres proies qu'il traque de la même façon, il
n'en demeure pas moins attaché à elle. Depuis
quelques jours, je ressens son impatience grandis-
sante à voir sa promise, à discuter avec elle. Ce n'est
plus seulement de la « tchatche ». Si Mélodie finissait
par venir en Syrie, je pense qu'elle serait réellement
mariée à Bilel. Il ne ferait pas d'elle une simple
esclave sexuelle livrée en pâture au repos du guerrier.
Je ne pense pas non plus qu'il serait un gentil mari, je
ne suis pas si naïve ; malgré ses dénégations, il doit
déjà avoir au moins une épouse quelque part. Mais les
échanges nocturnes qu'il entretient avec sa promise
représentent sa récompense après une journée passée
sur la ligne de tirs. Il s'endort en rêvant d'elle. Je
n'ose imaginer à quoi il songe dans ces moments.
Mon avantage réside précisément en cela : il croit
berner Mélodie, or il est en tel manque d'attention
que c'est elle qui mène la danse. Elle se moque de ses
leurres, en le prenant à son propre jeu. J'ai encore
besoin de mon double numérique. Si j'attaque trop
vite, ce qui est déjà un peu le cas, je risque de mettre
en péril mon investigation. À la fin de la semaine,
je prends quelques jours de vacances avec Lou.
J'arrêterai le sujet à ce moment-là.

À 19 heures pile en Syrie, soit 18 heures en France, Bilel attend Mélodie devant son écran, avec une heure d'avance. Il est tout pimpant. On sent qu'il s'est apprêté. Le milicien renvoie davantage l'image d'un frimeur fier de sa «bogossitude» que celle du guerrier qu'il prétend être. J'ai beau ne plus m'étonner de rien venant de cet homme et de ses congénères, par moments le clivage entre son fanatisme revendiqué et ses postures d'ado attardé réussit tout de même à me surprendre. À ce stade de l'histoire, je n'ai plus envie de rire. Ni de pleurer d'ailleurs. Bilel est affalé dans un fauteuil déchiqueté d'un cybercafé vide et glauque, ses yeux s'éveillent en voyant sa promise. Il se ressaisit et dissimule son excitation en adoptant sa pose de caïd favorite. La tête légèrement en arrière, il enfile ses Ray-Ban dorées à verres miroirs, qui lui mangent presque tout le visage. Pourtant, à cette heure tardive, le pays baigne déjà dans la pénombre, et elle est bien sombre la pièce exiguë où il se trouve... Il porte un épais blouson style aviateur, tout droit sorti d'un autre temps. L'ensemble lui donne un air de Starsky, l'acolyte de Hutch. Bilel raconte sa journée à Mélodie. En retour, elle ne lui parle que des dangers auxquels son «boulot» l'expose. Elle a peur pour lui. André me fait les gros yeux. Bilel rassure Mélodie : il est vaillant ; il en a vu d'autres. Lui, *rien* ne lui fait peur. D'ailleurs, il n'aurait pas gagné autant de galons prestigieux au sein de son organisation s'il s'était révélé ne pas être un stratège. Je sens qu'il aurait aimé dire un «grand stratège», seule la fausse modestie qu'il affiche l'a retenu. Il est si humble ce

Bilel, Mélodie ne peut que l'admirer. Elle souhaiterait tant en savoir plus sur lui. Bilel lui livre quelques nouvelles bribes de sa vie quotidienne.

Selon la durée des combats, le guerrier ne grappille que quelques heures de repos dans sa voiture. Il dort entre deux et cinq heures par nuit. Le reste du temps, il se partage entre Raqqa, le QG de Daesh, où il ne fait pas bon vivre si l'on n'a pas prêté allégeance à Baghdadi, et une autre ville voisine d'une vingtaine de kilomètres. Non, il n'est plus à Alep... Mais, pour la sécurité de Mélodie, il vaut mieux qu'elle ne sache pas où précisément. À Raqqa, la charia s'applique strictement, à la lettre. Bilel apprécie cette transcription ferme de ses propres préceptes religieux. Il expose à Mélodie une vie si belle, et surtout si affranchie, avec ses cafés, ses cinémas et ses boutiques. Lui et ses hommes ont délivré la cité, et les habitants leur en sont tellement reconnaissants, ils leur témoignent chaleureusement leur respect (en réalité, à peu près les trois quarts d'entre eux veulent fuir la ville, ce que Daesh leur interdit, au nom de lois qui ne sont pas les leurs). Bilel est un policier, et l'EI, sa milice. Pas à une contradiction près, il explique à Mélodie qu'à Raqqa, les femmes ont pour obligation absolue de demeurer voilées intégralement et de ne sortir qu'à certaines heures bien précises accompagnées de leur mari, leur père ou leur frère. Ce sont les seules contraintes. Qui n'en sont, d'ailleurs, absolument pas selon lui. Si, dans les rues de Raqqa, une femme accompagnée de son mari est «mal voilée», Daesh réclame entre 75 et 200 euros d'amende à l'époux.

Bien mal en prend à ce dernier s'il ne règle pas «l'infraction» sur-le-champ : sa femme sera exécutée. Si le mari, lui, n'est pas en djellaba et n'arbore pas de barbe, alors Daesh le sanctionnera en le dépouillant d'environ 30 euros. Les habitants des villes prises d'assaut par l'EI n'ont pas d'échappatoire. En gros, c'est «marche ou crève», le sinistre refrain des régimes dictatoriaux. Daesh justifie l'argent réclamé par l'un des cinq piliers fondamentaux de l'islam[1] : le zakat. On le définit généralement comme un impôt sans trop comprendre ce que cela signifie. En réalité, il symbolise le fait que le musulman se doit d'aider celui qui fait l'aumône. Comme le dit un autre Dieu dans l'Ancien Testament : «Aider son prochain comme soi-même.» Le zakat n'a donc rien à voir avec une barbe trop courte ou un voile mis à la va-vite... Encore moins quand c'est aux plus démunis que le «fisc daeschien», qui engrange des millions par jour avec le trafic du pétrole, réclame de force cet argent, destiné à financer les projets macabres de l'organisation.

À Raqqa, Bilel n'a pas le droit de garder son téléphone portable. On pourrait le localiser. De surcroît le réseau passe mal. Il peut seulement communiquer par talkie-walkie. Ou via Internet, à l'accès très aléatoire, sauf dans les cafés, où tout le monde peut entendre votre conversation. Alors, Bilel se lève chaque matin

---

1. Témoigner son adoration à son Dieu unique, et reconnaître Muhammad comme unique prophète de Dieu. Effectuer cinq prières par jour. Jeûner pendant le mois de ramadan. Payer l'impôt annuel pour l'aumône aux pauvres, le zakat. Effectuer au moins une fois dans sa vie un pèlerinage à La Mecque, en Arabie saoudite, voyage religieux appelé le hajj.

à 6 heures, et trouve un endroit encore peu fréquenté afin d'envoyer un petit mot doux à Mélodie. « Bonne journée mon gros bébé. Pense à moi. Tu me manques. » Suivi d'une foule d'émoticônes représentant des cœurs rouges. Au début, ça me glaçait. Ensuite, j'ai appris à en rire avec André et mes collègues embarqués dans la confidence. Puis cette attitude oppressante envers Mélodie a fini de m'user. Par moments, je voudrais exploser mon ordinateur sur le sol. Je me contente de lever les yeux au ciel.

Au volant de son pick-up blindé en armes et en petites bouteilles de lait chocolaté dont il raffole, Bilel parcourt trois cents kilomètres chaque matin « pour faire des interventions ». Il ne fournit pas plus de détails à Mélodie. Même si j'imagine qu'il doit parfois se déplacer sur des zones sensibles, j'ai maintenant quasiment la certitude que ses journées se déroulent à Deir Ezzor, près de la frontière irakienne, qui se situe justement environ à trois cents kilomètres de son QG. Il raconte à sa promise que, sur le chemin, il distribue des ordres à ses bataillons français. Il décide des priorités quotidiennes. Ceux qui iront sur le front. Ceux qui feront la police dans les villes sous contrôle de l'EI. Ceux chargés de s'occuper des mécréants « dont l'heure a sonné »... Il y a aussi les cours de religion à organiser, ainsi que des cours de langue, car les combattants arrivent en masse et ne maîtrisent pas tous l'arabe. Sans compter que chez les moudjahidines de Syrie, chacun parle son arabe à lui. Chaque nationalité a son propre dialecte et les échanges prennent vite une tournure incompréhensible. Bilel est émir, et se doit d'anticiper les situations, donc les problèmes. À Mélodie, il relate le contenu des « réunions secrètes » qu'il organise en comité très restreint. Soit avec des Irakiens, soit avec des membres d'al-Qaida désireux de changer leur fusil d'épaule. La plupart du temps, ces réunions ont lieu dans les recoins dissimulés des tunnels souterrains ralliant la Syrie à l'Irak. Bilel affirme posséder une carte et connaître par cœur les moindres recoins servant de cachettes ou de lieux de rendez-vous. Il en a même creusé certains, avant de les camoufler. Lors de ces rencontres, Bilel a pour mission de « négocier la paix ». Parce qu'il est « le Français le plus gradé, et le plus proche d'al-Baghdadi ». Pour la première fois, il parle à Mélodie de ses liens avec le « calife », me confirmant les propos de Guitone.

C'est Bilel que, récemment, al-Baghdadi a envoyé rencontrer al-Joulani. Il lâche ça innocemment, par vantardise, à Mélodie, qui ne relève pas de toute façon. Mais à moi, il révèle des informations précieuses. Abou Mohammed al-Joulani est le chef de la principale brigade syrienne d'al-Qaida. Dans les différentes milices qui s'opposent en Syrie et en Irak, il incarne l'une des principales figures émergentes du terrorisme au Moyen-Orient. Cela me confirme que, si Daesh a envoyé Abou Bilel « négocier » avec cet homme presque invisible, il doit effectivement avoir une place particulièrement importante dans l'organisation. Mine de rien, Mélodie demande comment s'est passé ce dernier rendez-vous. Bilel est fier de répondre que les deux hommes sont parvenus à un accord, et que le califat sera bientôt proclamé. Mais qui l'exercera ? L'État islamique ou al-Nosra, la principale branche syrienne d'al-Qaida ? interroge Mélodie, pour montrer à son interlocuteur si érudit qu'elle intègre bien ce qu'il lui a appris. Le visage de Bilel se crispe. C'est une question cruciale, car chaque clan veut être celui qui inscrira son nom dans l'Histoire. Il explique qu'ils sont tous deux convenus du point principal : la Syrie deviendra un État islamique. Al-Qaida, qui s'occupe essentiellement de mettre en place des cellules visant les Occidentaux, doit être plus présent aux côtés de Daesh en Syrie. Bref, il biaise.

Mélodie ne perd pas de temps à le questionner sur l'or noir. Comme à son habitude, le fanatique bottera en touche et ne parlera pas des raffineries de pétrole florissantes. Il délivre un peuple ; il doit vaincre les méchants. Mélodie admire son courage. Elle ne comprend pas tout à ses fantasmes, mais elle juge néanmoins son idéologie juste et noble. Cet homme en sait tellement plus sur la vie qu'elle. Elle est impressionnée. Elle lui demande combien de combattants de l'EI se trouvent sur place.

— Ici, on ne dit pas État islamique mais *Dawla islamiyya fi Iraq wa Chaam* ! Nous sommes une armée, au moins dix mille !

— Ah oui ? Autant ?

— Même un peu plus... D'ici six mois, au train où vont les choses on sera cinquante mille.

— Au train où vont les choses ?

— Tous les jours, y a de nouveaux combattants qui débarquent. Beaucoup de Français, de Belges et d'Allemands. Mais aussi énormément de Tunisiens. Sans compter tous les sunnites du coin qui se sont ralliés à nous, et les brigades un peu partout dans le monde, comme Boko Haram[1], qui nous ont prêté allégeance.

Les chiffres futurs sont un brin exagérés, mais tout le reste est dramatiquement vrai...

Bilel est en veine de confidences ce soir. Mélodie en profite.

— Comme je m'intéresse à toi, quand je n'ai pas de nouvelles j'essaie de m'instruire et j'ai cru comprendre que tout était très bien organisé chez vous, comment ça se passe ?

— Chacun a une fonction. Une fois arrivé, sauf si tu es déjà expérimenté, tu suis un cursus normal : cours de langue le matin, cours de tir l'après-midi. Tu dors dans une *katiba*[2] avec des francophones en majorité, ainsi que des combattants expérimentés dédiés à te guider dans ta spiritualité. Au bout de deux semaines, soit tu es suffisamment fort pour combattre et tu rejoins le front et les opérations secrètes. Soit tu te spécialises dans un domaine en particulier, comme le recrutement ou le contre-espionnage. Tu peux aussi t'atteler à des tâches nobles comme la visite des djihadistes blessés dans les hôpitaux, ou la livraison de médicaments aux nécessiteux. Tu peux devenir prêcheur et enseigner le Coran aux ignorants. Le reste du temps, tu fais ce que tu veux ! La vie est belle ici et les prix dérisoires ! On se bat pour vivre libres !

---

1. Organisation terroriste sunnite nigériane. Son nom signifie : « interdiction d'enseigner l'éducation occidentale ». Son leader, Abubakar Shekau, est à l'origine de l'enlèvement le 15 avril 2014 de 273 jeunes filles, qui a donné lieu à la campagne mondiale « Bring back our girls ».
2. Habitations ou bâtiments réquisitionnés par l'EI.

Vivre libres... Dans l'image d'Épinal que Bilel sert à Mélodie, il se garde bien d'avouer qu'en réalité une grande partie des djihadistes ont des rôles de sous-fifres.

— Mais moi, par exemple, reprend Mélodie, pragmatique, je n'ai pas d'argent. Même si le coût de la vie n'est pas très cher, selon la charia je n'ai pas le droit de travailler, alors comment ferai-je ?

— Toi, c'est différent tu es une femme. Ma future femme. Inch'Allah. De toute façon l'organisation verse à tous ses fidèles un salaire mensuel de 50 à 250 dollars[1]. En Syrie, tu as plus de thunes qu'en France ! Tu deviens même riche. En France, on t'encule, ici c'est les mécréants de Français qu'on encule ! Mais les hommes et les femmes n'accomplissent pas les mêmes tâches : là je te parlais du programme de formation des hommes.

— On dit que ceux qui deviennent kamikazes précipitent la mort qu'ils attendent trop impatiemment, peut-être parce qu'ils voudraient rentrer. Mais ils ne le peuvent pas sans être jetés en prison. C'est vrai ?

Je fais référence à Nicolas Bons, ce jeune Toulousain catholique, converti tardivement à l'islam, qui s'est illustré en réalisant une vidéo avec son frère cadet, où il interpellait le président Hollande, lui demandant de se convertir à l'islam. Le visage souriant, il invitait les Européens à le rejoindre en Syrie pour accomplir leur djihad. Il avait embrigadé son frère, qui mourrait quelques mois plus tard, à vingt ans, en chair à canon, au nom d'une cause qui n'avait jamais été sienne. Peu

---

1. Le revenu mensuel moyen par habitant en Syrie s'élève à 218 dollars.

de temps après, Nicolas, qui jusque-là occupait la double casquette de professeur de langue et recruteur d'Européens, s'est porté volontaire pour une opération kamikaze, pour la première fois depuis qu'il avait rejoint les rangs de Daesh. Il s'est fait exploser dans un camion près d'Alep. À l'époque, j'avais retrouvé la dernière photo de lui quelques minutes avant qu'il n'enjambe son tombeau. Il pointait son index vers le ciel, comme le font beaucoup de musulmans pour désigner Dieu. Le sourire contraint qu'il affichait n'avait plus rien à voir avec celui qu'il arborait dans sa vidéo adressée au président. Ses yeux paraissaient vides, ou plus exactement uniquement habités de désillusions. Après le décès de ses deux fils aînés, j'avais rencontré leur père, chef d'entreprise prospère dans l'industrie des panneaux solaires. Installé en Guyane pour ses affaires depuis plusieurs années, Gérard Bons m'avait donné rendez-vous, un jour relativement pluvieux, dans le hall d'un hôtel de la triste ville qu'est Cayenne. Fermement, il m'avait serré la main, et pendant que j'observais son visage qui paraissait figé par le chagrin pour l'éternité, le patriarche m'avait asséné d'entrée de jeu : « Je vous préviens, je ne vous accorderai que vingt minutes d'interview. Le voyeurisme, les pleurs et le journalisme à sensation, ce n'est pas mon truc. » Moins de cinq minutes plus tard, lorsque j'avais évoqué les remords du dernier fils qui lui restait, il avait fondu en larmes. J'avais rencontré le benjamin de la fratrie la veille, avec toute sa bande de copains, commune à ses frères. Il m'avait semblé en état de choc et empli d'une forte culpabilité. Ayant moi-même été souvent confrontée à la mort de proches, je connais toute l'importance de gérer ce sentiment, avant qu'il ne s'installe pour toujours. Au lieu de parler des défunts, je me suis efforcée de convaincre ce père de famille de se consacrer aux vivants. À savoir ce petit frère. Je lui ai confié certaines expériences douloureuses de ma vie personnelle, en lui livrant quelques clés qui m'ont aidée. Mais on ne trouve jamais toutes les serrures, sinon la vie ne serait pas ce qu'elle est. Je devais bien cela à un père qui acceptait de me parler de la douleur de perdre non pas un, mais deux enfants. Et cet homme pudique m'a livré, dignement, un témoignage aussi lucide que poignant. Il enjoignait sans cesse Nicolas de rentrer, mais obtenait toujours pour unique réponse : «J'aimerais... Mais on ne quitte pas la Syrie si facilement, papa... Et même si j'y arrivais, on me jetterait en prison à mon retour en France.» Gérard Bons m'avait confié que Nicolas se sentait responsable du décès de son cadet. D'après lui, il s'est délibérément suicidé pour abréger cette culpabilité qui ne le quittait plus.

J'ai à peine le temps de repenser à cette famille digne, mais brisée, que Bilel répond du tac au tac à Mélodie :

— Pas du tout, au contraire, les kamikazes sont les plus forts ! Chez nous on estime ta force à deux choses : ta foi et ton courage. Celui qui ose se faire exploser pour Allah, il part avec les honneurs au paradis, je peux te dire.

Les kamikazes peuvent bien sûr être des belligérants prêts à sacrifier leur vie. Mais en général, en tout cas chez Daesh, les plus faibles s'occupent de l'intendance (faire le chauffeur, préparer les repas...), et les «un peu moins faibles» se font sauter. Un de plus, un de moins... Leurs rangs croissent de jour en jour.

— Tu me répètes tous les jours que tu n'attends qu'une chose : le paradis. Pourquoi ne fais-tu pas une opération kamikaze toi aussi ?

Il met un certain temps à répondre.

— On a encore besoin de moi ici... Ce n'est pas encore mon heure, inch'Allah.

— Tu me parles des nouveaux arrivants, mais comment ça se passe pour les gens comme toi, plus aguerris, plus vieux ? Tu as trente-huit ans, aux infos ici on parle surtout des départs de mineurs ou de jeunes adultes ?

Aïe. Mélodie a vexé Bilel. L'air pincé, il lui lance :

— Comment tu sais que j'ai trente-huit ans ?

J'ai envie de dire à cet idiot, qui se revendique comme un redoutable génie du contre-espionnage, que sur son profil Skype est inscrit sa ville : Raqqa, sa nationalité : française, et son âge : 38 ans. Sur un plan plus personnel, je n'aurais pas pu oublier : Bilel est né en 1976, la même année de naissance que celle de l'un de mes frères. Ironie du sort, cette date est tatouée en minuscule, à l'abri des regards, sous mon annulaire droit. Heureusement, ils ne sont pas nés le même jour. Mélodie répond simplement qu'elle l'a vu sur Internet. Bilel réagit en macho :

— Ouais, mais je ne fais pas mon âge. Tout le monde pense que j'ai vingt ou vingt-cinq ans ! J'ai un bon capital ! Et puis l'âge c'est qu'un chiffre. Si tu

122

savais toutes ces Européennes qui veulent venir ici pour moi... Je plais beaucoup, tu sais, mon bébé...

Je rêve ! Bilel se présente sous les traits d'une rock-star, maintenant ! André lève les yeux au ciel. Je sens qu'il rumine et prend énormément sur lui pour ne pas s'énerver. Mélodie devrait peut-être envoyer à son amoureux un pot de crème antirides pour entretenir son côté « djihado métrosexuel ». Je me serais bien arrêtée quelques instants sur cet aspect nouveau du combattant moderne, que je trouve tristement fascinant d'un point de vue anthropologique, mais je sens qu'André veut que j'abrège.

— C'est quoi le programme des filles, alors ? C'est différent si elles sont converties ?

— Au contraire ! Nous, les djihadistes, on préfère les converties !

Il rigole, et André et moi nous jetons un bref regard étonné.

— Pourquoi ? demande Mélodie.

— Mashallah ! Parce que vous êtes plus rigoureuses dans la religion, et en même temps plus ouvertes sur la vie ! Vous n'êtes pas comme ces mécréantes de Syriennes qui se contentent de porter le voile, et ne savent pas comment rendre un homme heureux. Inch'Allah.

Bilel vient de se trahir. Lui qui vante à Mélodie une Syrie dont il délivre le peuple, il vient d'insulter ce dernier.

— Comment ça « nous, les converties, nous sommes plus ouvertes » ?

— Tu sais bien...

— Non...

— Vous êtes plus coquettes, si tu vois ce que je veux dire...

— Toujours pas...

— Avec votre époux, vous avez plus d'imagination...

— C'est pas haram d'«avoir plus d'imagination» dans ce genre de domaine si privé ?

— Avec ton époux tu fais ce que tu veux quand tu es seule avec lui. Tu lui dois tout. Mais à lui uniquement. Tu dois exaucer tout ce qu'il te demande. Sous ton sitar et ta burqa tu peux porter ce que tu veux. Des porte-jarretelles, des bas résille, tout ce qu'apprécie ton mari... Tu aimes les jolis dessous, mon bébé ?

Lundi, 19 h 30

Je coupe la liaison. Là, à brûle-pourpoint, je n'entrevois pas quelle réponse pourrait fournir la pauvre Mélodie. Je la façonne petit à petit, au jour le jour. Je crois avoir songé à beaucoup de choses jusqu'ici, même aux aspects romantiques. Mais je n'ai pas tapé dans le registre de l'érotisme. Aujourd'hui, mon épais habit noir m'étouffe vraiment. Énervée, j'enlève mon hijab, bois un grand verre d'eau et allume une cigarette. La journaliste n'existe plus à cet instant. L'être humain, oui. Le terroriste m'a piégée, je suis furieuse contre moi de m'être tellement focalisée sur d'autres points que je n'ai pas anticipé de réponse s'il m'entraînait sur ce terrain. Je me tourne vers André, qui peste comme jamais et tourne en rond dans le salon, tel un lion en cage.

— Mais pour qui il se prend ce taré de pervers, ce vieux beau, de te demander ce que tu mets comme dessous ! D'abord il t'ordonne quasiment de partir là-bas, ensuite il veut que tu l'épouses et maintenant ça

125

vire sur tes porte-jarretelles ! Il va te demander quoi, la prochaine fois, de te mettre à poil devant lui ? Pour Dieu ? Je hais ce type.

Moi aussi, mais calmons-nous. Dans l'immédiat, l'urgence est de répondre vite à Bilel. Il rappelle, et si Mélodie reste silencieuse, il risque de se douter de quelque chose. Je ne dois surtout pas éveiller ses soupçons. Feignant d'entrer dans son idéologie moyenâgeuse, Mélodie murmure donc dans un souffle, comme si un corset l'enserrait, lui coupant toute respiration :

— Je porterai ce que mon époux aime. Comme je ne suis pas mariée, je ne parle pas de ça avec un homme.

— C'est bien, tu es pure, Mélodie. Je l'ai senti tout de suite. Avant même de voir ton visage, je savais que tu étais belle.

— Mais c'est toi qui m'as appris qu'il n'était pas question de beauté dans la religion...

— Bien sûr. Mais toi et moi nous ferions des enfants d'une beauté rare... Inch'Allah. Tu as l'air moulée comme j'aime, et moi comme je t'ai déjà dit je suis un beau gosse...

Une fois encore, Bilel n'a visiblement pas écouté la réponse de Mélodie. Il se mordille les lèvres et la toise en silence. Je baisse les yeux. Rien d'autre à faire qu'attendre péniblement que le moment passe. De là où il s'est positionné dans le salon, André ne peut pas voir Bilel sur l'écran, qui se passe langoureusement la langue sur les lèvres. Comment, à cet instant, pourrais-je le faire parler de Baghdadi ou de

126

quoi que ce soit d'autre ? Je serre les dents. Encore un peu de patience.

— Je suis ton genre d'homme ? reprend-il.

— Je n'ai pas vraiment de genre.

— Mais tu as dit que tu me trouvais beau ! Alors si tu n'as pas de genre, permets-moi de te redemander de devenir ma femme...

— Mais Bilel, ça me terrifie, je ne te connais pas vraiment. Si je te réponds oui, ça veut dire que je te prête fidélité et assistance jusqu'à la fin de mes jours, alors que si ça se trouve tu as déjà plusieurs femmes...

Il zappe ce dernier point.

— Écoute-moi, tu es mon joyau et la maison que nous habiterons avec nos enfants sera ton royaume. Tu n'as plus qu'à venir et tu verras par toi-même comme tu peux me faire confiance. Je peux te poser une question ?

À ce stade de la conversation, je m'attends à tout. Ses transitions sont souvent si incongrues. Il a une telle agilité à passer de récits sanglants et terrifiants à ceux d'un vulgaire dragueur qui traînerait sur un site de rencontres.

— Tu as les cheveux longs ?

— Oui... Mais pourquoi tu me demandes ça ?

— Ils sont longs ou mi-longs ? Parce que la plupart des filles disent qu'elles ont les cheveux longs, mais en réalité, ils sont mi-longs. Elles mentent.

Et... ? J'avoue ne pas comprendre où il veut en venir.

Je dois me retenir pour ne pas éclater de rire devant la tête ahurie d'André, lui aussi complètement hébété de voir comment Bilel passe du récit de ses «exploits» meurtriers à ses pauvres plans drague.

Sur le moment, on se croirait sur «adopteundjihadiste.com». J'ai pour principe de toujours chercher d'abord le bon chez l'être humain, quel qu'il soit, et de penser qu'il existe des solutions aux situations compliquées que la vie nous impose inévitablement. Là, pour la personne, je ne peux rien faire. Pour les circonstances, encore moins, mais ce débat délirant sur la longueur de la crinière de Mélodie est un excellent antidote aux questions parfois plus perturbantes que je dois encaisser en son nom.

— Mes cheveux m'arrivent au milieu du dos !

— Donc ils ne sont pas longs, mais mi-longs !

— Et alors ?

— Rien, seulement, j'adore les cheveux très longs. Et comment est leur matière ? Ils sont bouclés ?

— Pas trop, juste ondulés.

— Parfait. J'ai toujours demandé à Allah de mettre sur ma route une convertie brune aux yeux verts, et te voilà dans ma vie, Mélodie. Ma femme...

— Je n'ai pas accepté... Il faut que je te laisse, ma sœur vient de rentrer, je dois enlever mon voile, sinon elle le répétera à ma mère.

— Prends l'ordinateur dans ta chambre, ma femme, je t'attendrai le temps qu'il faut. Mais jure-moi sur Allah le tout-puissant que tu m'aimes...

— Mais je dors dans la même chambre que ma sœur. Je dois vraiment raccrocher, Bilel.

— D'accord, mais avant sache que je m'endors certain d'avoir rencontré celle qu'Allah a mise sur mon chemin.

— OK, Bilel. Mashallah. Dors bien.

— Mélodie... N'oublie jamais que tu es ma femme maintenant. Tu m'appartiens pour l'éternité. T'as compris ? N'oublie pas !

Lundi, 20 heures

Je referme l'ordinateur. André me rejoint sur le canapé et me tend une cigarette dans le plus grand silence. Le temps qu'elle se consume, nous ne disons mot. Pour la première fois, je me demande si je ne tourne pas schizophrène, entre ces moments dans le fond ridicules qui relèvent du comique et ceux où l'angoisse que j'étouffe résonne en moi. André finit par exploser. «Stop! Tu arrêtes, maintenant! Le sujet est terminé! Fini! *Rhallas*[1]*!* Tu te rends compte des risques, là? Demain, dernière conversation avec Bilel, et on fait disparaître Mélodie de manière définitive. Tu comprends?» Je reste silencieuse. Je suis d'accord. Pour autant, je ne sais pas quoi dire. «Tout» est à l'intérieur de moi, mais «ça» ne veut pas sortir. Je suis un funambule qui marche sur un fil invisible.

Et Milan qui va arriver... Au moins, j'ai fini à temps. Je n'aurais pas aimé qu'il me découvre ainsi,

---

1. «Ça suffit!», en arabe.

dans la peau d'une autre. Milan ne comprend pas trop sur quoi je travaille. Il sait qu'il est question d'un échange régulier avec un djihadiste français en Syrie. Rien de plus. Je me sens lessivée, essorée, vidée de toute énergie. L'interphone retentit. Ça doit être Milan. Je demande à André de rester évasif sur notre reportage, et vais ouvrir la porte avant de le rejoindre dans le salon. Au même instant le signal Skype de l'ordinateur se déclenche. Bilel rappelle. Il est hors de question que je décroche. Mais André insiste pour que je remette l'attirail de Mélodie ; Bilel a peut-être quelque chose d'important à dire. Pourquoi rappellerait-il sinon, sachant que Mélodie ne peut parler ? J'hésite. J'entends Milan retirer son casque dans la cage d'escalier et monter les marches rapidement. Je me sens oppressée. Sans réfléchir, j'enfile n'importe comment le voile et la djellaba. Et je pousse le bouton vert au moment où j'entends Milan refermer la porte de mon appartement. Dans trois secondes, le temps de traverser le couloir, il va me découvrir ainsi. Ça va lui faire quelque chose, et je me déteste de ne même pas pouvoir lui adresser un regard. André lui fait signe de se taire et de rester dans un coin de la pièce. J'essaie de me concentrer sur ce que me dit Bilel, mais je cherche du coin de l'œil mon véritable petit ami. Nos regards s'entrecroisent. Il baisse le sien aussitôt. Il ne me reconnaît pas. Ou alors si, et ça lui est insoutenable. Lui qui ne fume presque jamais va à la fenêtre et allume une cigarette. J'ai tellement honte de minauder avec un autre devant lui. Et peu importe que ce soit dans un cadre professionnel. Quelque part, c'est pire. Jamais je n'avais imaginé qu'un jour je ferais ce que je suis en train de faire. Et encore moins sous les yeux de celui que j'aime. Si j'ai omis de lui parler de la sombre panoplie qu'exige mon avatar, sur quoi encore ai-je pu lui mentir... Sur rien d'autre, bien sûr, mais ma maladresse joue en ma défaveur. J'ai peur qu'il ne se pose les mauvaises questions. Qu'il ne s'endorme avec des interrogations perturbantes en tête.

— Je voulais encore te dire bonne nuit, mon bébé.

Génial ! Bilel n'a rien de plus à dire à Mélodie que lui témoigner encore et encore, de manière de plus en plus envahissante, la voracité de son «amour». Je n'aurais pas dû écouter André et répondre à ce dernier appel. Et tout ça devant Milan... Je suis à bout de patience. Pas très aimable, Mélodie répond :

— OK. Bonne nuit, Bilel. Je t'ai dit que ce n'était pas prudent pour moi de te parler, là. S'il te plaît, je respecte les consignes que tu me donnes, alors écoute les miennes. Si ma sœur entre dans la pièce, je suis morte. Je raccroche.

— D'accord. Fais de beaux rêves ma femme, et n'oublie jamais que tu es à moi pour toujours.

Il se déconnecte. Mon salon en a connu, des silences de plomb, depuis le début de ces échanges. Des phrases glaçantes, qu'André et moi n'avons jamais relatées. Mais pour la première fois, ces mots insensés me font vaciller psychologiquement. Parce que, sans le savoir, Bilel a trouvé une faille en moi, la journaliste. À travers Mélodie, ce sont mes valeurs, mes convictions de citoyenne et mon idée de l'humanité qu'il attaque. Là, avec la présence de Milan, il vient de s'en prendre à ma vie personnelle. Le pire, c'est que c'est ma faute. Divers sentiments se bousculent en moi. La gêne et la colère prennent le pas sur ceux que je peine à définir. Tout va si vite. Arrachant mon hijab et ma djellaba, je me transforme de nouveau en moi-même, et me précipite à la fenêtre près de Milan. Je l'enlace par-derrière, pendant qu'il reste immobile à fumer comme quelqu'un qui n'en a pas l'habitude. Je lui murmure que je suis désolée. Il tire nerveusement sur sa Marlboro Light.

André remballe ses affaires et comprend qu'il vaut mieux qu'il s'éclipse. Mal à l'aise, il continue de parler en dédramatisant l'échange au maximum. À peine a-t-il claqué la porte que Milan me tend un casque de moto, et me demande de passer la nuit chez lui ce soir. Bien sûr... Je comprends parfaitement ce qu'il ressent. La première fois, moi non plus je n'ai pas voulu dormir chez moi. Il scrute ma minijupe et mon tee-shirt à l'effigie du groupe anglais The Clash, et son regard me paraît différent de d'habitude. Il me dit qu'il s'inquiète pour moi. Il s'en veut de ne pas comprendre tout ce qui se passe en Syrie, mais il lui semble évident que je cours un danger. Il aurait aimé que je lui en dise davantage avant. Or, maintenant qu'il a vu, à moins que je ne rencontre des problèmes ou que je ne sois amenée à voyager pour les besoins de mon investigation, il ne veut pas connaître plus de détails. Ça me va. Le reste de la soirée nous appartient. Pourtant je culpabilise d'impliquer une autre personne dans cette histoire. «Moins on en sait, mieux on se porte.»

Je m'endors confuse et penaude. Comme si je venais d'être prise en flagrant délit d'adultère. Les bras de Milan m'enlacent, mais son geste relève plus de l'automatisme que de la tendresse. Ce soir, c'est la première fois que l'histoire de Mélodie, mon avatar, impacte sur ma vie. Qui, elle, n'a rien de virtuel.

Le surlendemain

Depuis qu'Abou Bilel claironne qu'il va épouser Mélodie, cette dernière a de nombreux nouveaux amis numériques. Ses récentes publications sur Facebook appelant au djihad «humanitaire» lui valent une multiplication de «Demandes d'ami», mais surtout de messages privés. Des filles qui starifient les moudjahidines, s'appelant toutes Umm «Quelque chose» et précisant sur leur profil qu'elles n'acceptent pas les hommes sur leur compte, demandent à Mélodie des conseils sur le trajet le plus sûr à emprunter pour se rendre au Sham. Il y a des messages en français, en flamand, en arabe, et je crois bien même en allemand, un vrai melting-pot de langues. Mes amis qui parlent couramment différents dialectes de la langue arabe pataugent eux-mêmes devant ce charabia aux mots inversés et déformés en fonction des origines. Les interrogations sont parfois aussi techniques qu'incongrues : «Il faut que je vienne avec des dizaines de boîtes de serviettes hygiéniques ou je pourrai en trouver là-bas ? » ; « Si j'arrive sans mari en Syrie, il ne vaut mieux pas que j'attire l'attention en emportant plein de strings dans ma valise : mon futur mari risquerait de me prendre pour une impure. Mais on en trouve là-bas ? »... Les préoccupations de ces candidates à la mort me dépassent. Et puis que pourrais-je leur répondre ?

Mes soirées se déroulent toujours à faire parler Bilel. Parfois, nous échangeons sans la présence cachée d'André, tant Bilel devient pressant et exige de voir Mélodie. Je ne peux pas m'atteler uniquement à ce qui a trait à Daesh et à la Syrie. Je ne fais déjà que ça, passant à côté de l'actualité chargée du moment, notamment ukrainienne. Avant de retrouver Milan, ou dès qu'il est occupé, j'enfile le hijab de Mélodie et retrouve son prétendant dans la lueur de la nuit. Une grande partie de ces soirées se déroule chez moi, sur mon canapé, assise en tailleur et voilée. Répondre à ces filles dans le but d'enrichir mon sujet relèverait d'une amoralité que je n'envisage pas un instant. Je sais comme la jeunesse a vertu à rendre impétueux et fragile. Je me contente de ne pas donner suite. Cela me ferait entrer dans des débats sans fin, et sans grand résultat. Je ne réagis qu'aux cas de départ qui me paraissent imminents. J'ai rédigé un message « copié-collé » dans lequel Mélodie leur déconseille de partir et que je leur envoie systématiquement (j'épargne ici les fautes et smileys) :

Salam ma sœur,
Comme toi, j'ai perdu espoir et j'ai fini par me noyer dans mon pays et ses lois, pas toujours compa-

tibles avec les nôtres[1]. L'islam m'a sauvée de la désillusion et du mal. Mais être une bonne sœur c'est d'abord se comporter dignement, discrètement, et se pencher sur la religion depuis sa chambre, à partir du Coran et non en regardant des vidéos qui prêchent tout et n'importe quoi. Le djihad se fait d'abord dans son cœur, en respectant les préceptes religieux qui sont les nôtres. En étant bon avec ton prochain démuni, qu'il soit syrien ou autre. Il ne sert à rien de partir pour se prouver quelque chose. Tu n'as qu'à ouvrir les yeux : autour de toi, les gens, les tiens ont besoin d'aide. Si tu te poses des questions, fais comme moi, parles-en à tes parents (et pourtant je suis convertie) et pense au chagrin que tu vas leur causer en partant. En tout cas, moi, j'avais prévu tout mon voyage, j'étais en contact avec plein de djihadistes. J'étais sûre de moi. Et puis j'ai appliqué les conseils que je te donne, et aujourd'hui je suis plus heureuse que jamais.

Je me doute bien que mon discours ne sera qu'une goutte d'eau dans l'océan de perdition dans lequel ces filles sont noyées, mais je ne peux pas ne rien faire. Et, inconsciemment, peut-être que cela me donne bonne conscience...

Des djihadistes francophones aussi s'adressent à Mélodie. Ils sont polis et courtois. Ils sont âgés de seize à vingt-sept ans, et leurs trois premières questions sont toujours les mêmes :

« T'es au Sham ? »

---

1. Les lois islamiques.

« T'as quel âge ? »

« T'es mariée ? »

Je n'ai plus le temps d'approfondir ces débats inintéressants. Je garde cependant le contact avec Abou Mustapha[1], un Français de vingt-sept ans, fantassin de l'EI qui semble plus lucide que les autres. Plus honnête aussi. Abou Mustapha pratique son culte assidûment depuis le plus jeune âge. Il connaît bien l'histoire des religions de leur origine à nos jours. Il mène sa vie en fonction de son Dieu, parce que c'est ainsi qu'il s'épanouit, sans besoin de prosélytisme envers son entourage. Il n'appelle pas à faire couler le sang. Il sait que son djihad réside d'abord en une quête spirituelle que l'on fait pour soi. Comme un chrétien irait se recueillir en pèlerinage au Vatican. Le djihad n'implique pas nécessairement la guerre. La hijra, oui. Al-Qaida, Daesh et certaines autres brigades l'ont vendue à leur sauce. Abou Mustapha est parti au Moyen-Orient pour toutes ces raisons religieuses. En quête de lui-même, il ne s'est pas encore transformé en assassin. Il ne poste jamais de photos de lui au Levant, ni de slogans de propagande. Rien dans ce que je sais de lui ne me donne l'impression qu'il occupe un poste de combattant. Il se contente de publier d'assez jolies sourates. Et appelle à une seule chose : l'application de la foi si l'on est croyant. Il a toujours suivi à la lettre sa religion, et pensait trouver en Syrie une terre meurtrie qu'il parviendrait, avec ses nouveaux frères, à délivrer et à métamorphoser en État islamique. Du moins, c'est ce qu'il imaginait

---

1. Le prénom a été modifié.

en entreprenant de tout quitter. Depuis qu'il se trouve là où il le souhaitait, il nourrit une grande déception. Il confie à Mélodie éprouver parfois la sensation de « vivre dans le mensonge ». Nous n'échangeons que par écrit, et pourtant je décèle en lui une solitude troublante. Mélodie lui demande pourquoi il ne rentre pas, ou pourquoi il n'essaie pas de construire une famille, loin de la barbarie, si cela est toujours possible.

« Je suis religieux depuis tout petit. Ma famille est très pratiquante. Ils n'ont pas honte que je me trouve en Syrie, car ils savent que mon cœur est pur. Mais ils ont peur de Daesh, de Nosra, de l'armée de Bachar, et de tous ceux qui tuent au nom de la religion. Ils voudraient que je rentre... Et même si un bon musulman ne doit pas avoir peur d'embrasser la mort, parfois, ma sœur, je crois que ma dernière heure a sonné. »

« C'est difficile de s'adapter en arrivant ? Les tiens ne te manquent pas trop ? »

« Au début c'est très dur. Tes proches, ta famille surtout, inch'Allah, te manquent beaucoup. Ma petite sœur a eu son bac, juste après mon départ, et la plupart de mes frères ont fêté depuis leur anniversaire. J'ai raté tous ces moments. Mes larmes coulent tous les jours depuis un an, ma sœur... »

Je pense sincèrement ce que Mélodie va lui répondre.

« Je suis vraiment désolée pour toi... Je sais que c'est très dur de réussir à quitter la Syrie, et qu'après d'autres problèmes t'attendent au retour en Europe. Mais qui ne tente rien n'a rien, tu passerais un mauvais moment en rentrant, mais si tu arrives à prouver que tu n'as jamais pris les armes, il y a plein d'ONG qui pourraient t'aider... »

Abou Mustapha prend un temps considérable pour répondre. Je ne le connais pas, et pourtant je suis suspendue à ses lèvres. Ou plutôt à mon écran. J'imagine déjà appeler Dimitri Bontinck et lui demander de l'aider à le faire exfiltrer. Mais sa réponse répète les mots de la propagande, comme un disque rayé. Pourtant, je suis persuadée qu'il a vraiment soupesé les conseils de Mélodie.

« Aucune revendication ne se passe sans révolution. Ni sans souffrance ou pertes humaines. J'ai prêté allégeance à notre futur calife Abou Bakr al-Baghdadi, lui et lui seul doit nous guider, nous les musulmans. Si je suis venu jusqu'ici et que j'ai tenu un an, je peux y rester toute ma vie. Bismallah. »

« Si je rejoignais les rangs de l'EI, je ne ferais que de l'humanitaire et je fonderais une famille avec un homme que j'aime réellement, pas simplement pour appliquer un modèle de vie dictée. »

« Tu es mariée ? Tu as un prétendant ? »

« J'ai un prétendant qui m'attend, oui... »

Sa réponse met quelques minutes à venir, sans doute est-il déçu.

« J'aimerais fonder une famille, devenir père et trouver une épouse que j'aime, mais en Syrie c'est compliqué... Ici c'est difficile, ma sœur, la mentalité des Syriennes n'a rien à voir avec la nôtre... C'est pour ça qu'on préfère épouser des sœurs d'Europe. »

« Pourquoi ? »

« Parce que les Syriennes méprisent les djihadistes étrangers. Elles ont peur de Daesh. Et nous-mêmes ne

140

sommes pas compatibles avec leur foi, qui n'est pas la bonne! Elles n'appliquent pas la charia comme vous, les Européennes. Elles ne portent même pas le sitar, mais un minuscule hijab!»

Je repense à la première fois où j'ai dû mettre le mien. Ça me paraît si loin. C'est si proche. Abou Mustapha poursuit :

«Et puis j'ai grandi en France, elles ici. Le choc culturel est bien trop grand... Il y a un manque terrible d'entente entre nos habitudes d'Occidentaux et leurs mentalités fermées. C'est pour ça que si on pouvait se marier avec des sœurs comme toi, là, la vie serait parfaite.»

«Leurs mentalités fermées?»

«Oui, elles ne sont ouvertes à rien... Ni la religion ni leur mari.»

«Justement, on me dit que les Européennes arrivent en nombre...»

«Il faut les trouver! Elles ne poussent pas sur les arbres!»

«Ici, on relate tous les jours ou presque des cas de départ au Moyen-Orient, souvent des femmes. Moi-même je connais plein de sœurs qui sont parties.»

«Les Européennes viennent si un mari les attend ou si elles veulent réellement accomplir leur hijra. Mais les femmes passent moins souvent à l'acte que les hommes. Elles n'ont pas le même courage. Le plus souvent, elles viennent par appât du gain en pensant qu'elles seront traitées comme des princesses, et se retrouvent terrifiées dès le premier jour. Après, elles ne font que pleurer.»

Avant de répondre, je me fonde sur ce que Bilel a conté à Mélodie jusqu'ici :

«Il paraît qu'il y a des villes, comme Raqqa, où tant que la charia est appliquée, tu peux avoir accès à la même technologie que les pays occidentaux.»

«Ah non, pas vraiment! Ça dépend pour qui la vie est belle... Daesh est super bien organisée, plus tu es important, plus tu vis bien. Mais je t'assure qu'ici, c'est pas Paname!»

«Tu es de Paris? Moi j'habite à Toulouse.»

«Oui. Et même si je souffrais de ne pas toujours pouvoir exprimer librement mon culte, je n'en veux pas à la France. Je voulais simplement pouvoir le vivre comme je l'entends et selon les lois que moi je respecte.»

Abou Mustapha n'est pas Bilel. Lui aussi est perdu, mais il ne s'est pas perdu. Pas complètement... Ballotté entre les diverses visions du culte musulman, et donc de ses pratiques, qui s'opposent aujourd'hui, il lutte contre lui-même. Seulement, il est venu agrandir les rangs de l'EI. Et cette appartenance, si toutefois Abou Mustapha réussit à regagner la France un jour, lui sera fatale...

Les djihadistes qui veulent retourner dans leur pays d'origine sont d'abord placés au minimum en garde à vue, avant d'être soit assignés à résidence avec interdiction de quitter le territoire, soit placés en détention provisoire, le temps de déterminer quel genre de menace ils représentent. Dans tous les cas, la loi s'applique à la lettre : ils se voient inculpés d'«association de malfaiteurs en lien avec une entreprise terroriste». Pour certains mineurs, la question est épineuse, car la frontière est extrêmement difficile à déterminer entre le repenti qui s'est laissé influencer, et le fanatique qui risque de commettre des attentats de retour chez lui, à l'exemple de Mehdi Nemmouche, le tueur du Musée juif de Bruxelles, ex-geôlier de Daesh tout juste revenu du Levant dans le but de commettre une série d'attentats un peu partout en Europe.

Ces cas de départ de mineurs se sont multipliés depuis la loi du 1er janvier 2013, qui permet aux ressortissants français à partir de quatorze ans de voyager en Europe sans autorisation de sortie du territoire signée par leurs parents ou leur responsable légal... Pendant que vous pensez votre ado en train de rêvasser sur les bancs du collège, il peut aujourd'hui se trouver dans un avion à destination de la Turquie, embarqué dans un voyage sans retour. Les autorités, dépassées par l'augmentation alarmante du phénomène, tentent tant bien que mal de parer au problème. Mais certains de leurs ratés demeurent inquiétants, quand on sait les risques d'attentat en France, à tout moment... Le ministre de l'Intérieur, Bernard Cazeneuve, œuvre pour colmater les brèches qui ont permis ce trafic. Il tend d'abord à prévenir et à empêcher le plus possible les départs, et prend très au sérieux les quelques retours sur le sol. Mais les consignes du plan Cazeneuve se veulent plus police que secours... Qu'en est-il de tous ces djihadistes qui se vantent de faire régulièrement des allers-retours entre leur pays et la Syrie ? Sur Facebook, Mélodie suit un fantassin prénommé « Tu veux que je te dise » (*sic*) ; il enchaîne les photos à Marseille, sa ville de naissance, où il vient « voir les copains », et au passage encenser son ego en dévoilant quelques photos de lui en guerrier sans peur et sans reproche : «On sait ce que tu es quand on voit ce que tu possèdes» (pour poursuivre sur les paroles de «Petit frère» du groupe IAM). Et une kalachnikov au bras en dit très long. Trois jours plus tard, «Tu veux que je te dise» partage des photos de lui en Syrie, habillé comme un Européen, affichant des vêtements de marque de la tête aux pieds.

Bilel a souvent laissé entendre à Mélodie que revenir en France c'était *easy*. Mais seulement s'il est question de visites rapides, et qu'on emprunte un itinéraire difficilement repérable par la DGSE[1] ou tout autre organisme français de défense.

Ce soir, davantage que les jours derniers, Bilel insiste pour connaître «le nouveau prénom islamique» de Mélodie. Étant donné que, pour lui, leur avenir commun est imminent, sa femme doit choisir le nom qu'elle portera désormais dans sa nouvelle vie... Au début, Mélodie a botté en touche : «On verra ça plus tard, Bilel», répondait-elle quand il revenait à la charge. Mais en face d'elle et de sa tendre vingtaine se dresse un homme qui obtient toujours ce qu'il exige. Alors, elle finit par lui dire : «Choisis pour moi...» Puis elle met fin à la conversation. Le sentiment que cette demande provoque en moi est assez bête : aussi virtuelle soit-elle, c'est *ma* Mélodie... Bien sûr, bientôt elle devra disparaître. Mais dignement, et au moment qu'*elle* aura choisi. Ce n'est pas à

_____

1. Direction générale de la sécurité extérieure. La DGSE dépend du ministère de la Défense.

Bilel de prendre cette décision... Curieusement, ce changement d'identité qu'il impose à Mélodie m'atteint. Plus les jours passent, plus il la tue lentement psychologiquement, et voilà qu'après sa vie, son passé, sa mère, tous ceux qu'elle aime, elle doit aussi sacrifier la seule chose qui lui reste d'origine : son prénom.

Je consulte Skype sans avoir l'intention de répondre aux dizaines de cœurs et de «PTDR» dont le djihadiste la bombarde depuis qu'elle a raccroché. Noyée au milieu de toutes ces émoticônes ridicules, Bilel lâche cette phrase : «Ma vie, ma femme, tu t'appelleras désormais Umm Saladîne. Bienvenue dans le véritable islam à présent.» Il le lui répétera le lendemain, en face à face. Bien sûr, pour réponse, Mélodie ne pourra que sourire.

Le lendemain

André assiste de moins en moins aux entretiens. Faute de temps, mais aussi parce que, du salon à la chambre, il a photographié Bilel et Mélodie sous tous les angles possibles. Et puis il estime que, dans le cadre de notre reportage, nous détenons suffisamment d'éléments. Que nous sommes allés loin dans notre investigation sur le djihad numérique et que nombre de nos points d'interrogation ont été comblés. Surtout, il est persuadé que ce reportage va provoquer des représailles et que, plus nous traînons à laisser exister Mélodie, plus la menace sera grande pour moi. «De toute façon, me dit-il, tant qu'on ne s'arrête pas, tu en voudras toujours plus». Concernant les représailles et les risques que j'encours étant donné que Bilel connaît mon visage, je partage son avis. Concernant l'investigation, je reste sur ma faim. Je prends presque quotidiennement des nouvelles des familles concernées par le départ d'un enfant que j'ai été amenée à rencontrer. Leur situation demeure

146

toujours aussi désespérée. Et je n'en ai pas encore appris assez de la bouche de Bilel pour leur apporter une aide efficace. Parmi les nombreux égarements prétentieux et inintéressants où Bilel entraîne Mélodie, bien obligée de rester suspendue à ses lèvres, les propos du djihadiste dragueur ne me tendent pas facilement la perche pour rebondir, aller au bout des choses importantes et lui soutirer des informations exploitables. Mélodie m'a apporté tant d'informations et d'éclaircissements que je n'aurais jamais eus sans elle. Mais pas encore assez. Et puis, quelque part, je lui dois, après tout ce qu'elle a dû se forcer à entendre, de se retirer avec les honneurs... Or je ne lui ai pas encore échafaudé de porte de sortie pour échapper à Bilel. Au-delà de ma mission professionnelle, j'ai mis tellement de moi dans ce reportage que, j'en ai conscience, ma curiosité est devenue aussi malsaine que légitime. André le conçoit et me laisse « faire mon truc de mon côté » tout en me suppliant de faire attention.

André absent, Mélodie ne communique plus quotidiennement avec Bilel. Ça le rend fou, et moi c'est la seule petite vengeance que je détienne sur lui : son attachement à Mélodie. Elle prétexte que sa mère lui a interdit l'utilisation de l'ordinateur familial, et qu'elle ne peut le contacter que quand elle réussit à emprunter le Mac portable caché dans la chambre parentale. Deux fois seulement ils se sont skypés : ses propos ne tournaient qu'autour du mariage. Je n'arrivais pas à l'amener à m'apprendre de nouvelles informations. Mais je continue à passer mon temps à traquer la présence des moudjahidines de l'EI sur le

Net. Leurs photos les représentent posant fièrement près de cadavres qu'ils ont décapités. Les victimes sont en majorité musulmanes. L'EI, qui a construit sa force d'expansion à travers une propagande sensationnelle façon blockbuster américain, regorge d'astuces pour convaincre de rejoindre ses milices et seulement elles. Une preuve parmi d'autres ? Les « martyrs[1] » de Daesh affichent un visage angélique et un sourire paisible. Tandis que les dépouilles de leurs adversaires apparaissent affreusement calcinées. En réalité, Daesh diffuse immédiatement la photo de ses combattants disparus en mettant en scène l'expression de leur visage. Ils laissent les autres cadavres, ceux des « mécréants », se décomposer au soleil avant de publier ces clichés insoutenables comme si la Faucheuse venait de s'abattre sur eux. La légende est souvent la même : « Voyez la différence : nos martyrs heureux, une fois qu'ils ont vu Allah, puisqu'il est fier d'eux et de ce qu'ils ont accompli. Et regardez les corps horribles de ces kouffar. C'est Allah qui les punit. Eux, ils n'iront pas au paradis. » Guitone, notamment, adore le rappeler et se prêter à l'exercice numérique morbide de la comparaison des dépouilles. Puis, juste après, il poste une photo de lui brandissant une tablette de chocolat Milka en Syrie. Ou encore, comme la viande est une denrée rare ces derniers temps, il traverse à sa guise la frontière turco-syrienne et, accompagné de quelques autres belligérants, s'attable kalachnikov à l'épaule, le sourire aux lèvres et réalise des clichés de la joyeuse

---

1. Morts pour Dieu, selon l'EI.

bande en train de se bâfrer d'agneau et de soda américain avec pour légende : «La Syrie et la Turquie
même combat, là-bas on est chez nous ! Mashallah,
c'est meilleur et moins cher qu'en France, les frères !
Venez !» Parfois, il ajoute, et il n'est pas le seul :
«Coucou la DGSE, si vous nous espionnez !»

Bilel aussi me raconte tout ça. Sauf que lui, il est
bien trop haut placé dans la hiérarchie pour laisser
traîner ce genre de preuves sur le Net.

Aujourd'hui, en partant de la rédaction, j'ai pris un
café avec mon doux Milan, le quittant le cœur lourd.
Je suis en chemin pour mon rendez-vous avec Bilel,
que je ne peux plus esquiver. Le temps du trajet me
procure un petit sas de transition avant de replonger
dans l'univers glauque qui attend Mélodie. J'écoute à
fond dans mes écouteurs «Just Like Heaven», des
Cure, qui servait de générique à l'émission mythique
des années 80 «Les enfants du rock». J'étais un peu
petite à cette époque, mais cette chanson me rappelle
mes deux grands frères, et ce souvenir, cette made-
leine de Proust de l'enfance, me plonge dans une
douce nostalgie qui me berce jusqu'à mon appartement. La première chose que j'y vois en ouvrant la
porte, c'est la tenue de Mélodie, repassée et déposée
sur un cintre. On la dirait presque vivante... La femme
de ménage, qui passe une fois par semaine, aura cru
bien faire en pensant que je venais d'acheter une nouvelle robe.

Depuis ces derniers jours, les messages de Bilel se
multiplient, matin, midi et soir. Un véritable harcèle-
ment. Avec toujours les mêmes phrases oppressantes

répétées désormais une cinquantaine de fois, comme si, réellement, Mélodie lui appartenait.

« T'es là ? »

« T'es là ? »

« T'es là ? »

« T'es là ? »

« T'es là ? »

« T'es là ? »

« T'es là ? »

« T'es là ? »

« Bébé ? »

Ses « T'es là ? » s'étalent sur des dizaines de pages. De Skype à Facebook, et même sur le téléphone rechargeable de Mélodie, il ne lâche plus sa promise. Dans le même temps, mon entourage commence à me demander si je ne me prends pas au jeu, moi, la journaliste... Je ne comprends pas leurs interrogations. Je reconnais que j'en viens même à une forme de cruauté malsaine à le faire tourner en bourrique quand Mélodie demeure invisible à certains de leurs rendez-vous vidéo, ou lorsqu'elle le coince sur des sujets inavouables. Plus l'investigation avance, et plus, pour la première fois de ma carrière, j'ai du mal à prendre du recul. J'en ai interrogé, pourtant, des assassins, des violeurs, des pédophiles... J'avais envie de leur cracher dessus. Mais sur mon visage ne transparaissait rien. Dans le cas de Bilel, et la sentence qui suit n'est ni correcte ni éthiquement journalistique, mais elle demeure la meilleure explication à mes « sentiments » : j'ai envie de le niquer. De le prendre à son propre jeu. Pour moi il n'est pas plus religieux qu'humain. Ce fou d'assassin partage son temps entre retirer la vie aux autres et convaincre des gamines comme Mélodie de venir trouver la mort. Je ne peux pas m'attaquer au djihadiste, qui plus est aussi puissant, ni à son armée, mais je peux m'attaquer aux failles de l'homme. À savoir : sa soif de reconnaissance et de domination. Il croit l'exercer une fois de plus sur la jeune Mélodie, et c'est le contraire qui se produit. Je ris de Bilel, quand il ne me donne pas la nausée... Mes valeurs amoureuses sont fondées sur la confiance et la bienveillance : l'exact opposé s'offre en face de moi, quand bien même je donnerais l'impression d'avoir développé une forme de syndrome de Stockholm. Pas de risque. Mais je sens qu'une partie de mes interlocuteurs demeurent sceptiques. «Comment pourrais-tu continuer cet exercice macabre, sinon?» m'assènent-ils comme ultime argument. Simplement parce que je fais mon travail... Ensuite parce que tout ce que j'apprends par Bilel, j'aurais mis des mois à le savoir et à l'assimiler sans lui. Je crois avoir assez répété le dégoût qu'il provoque en moi, sans compter les railleries, mais on me reproche ce que je garde pour moi, comme si cela allait au-delà du cadre professionnel. D'une part, je ne dis pas tout par pudeur car, je m'en rendrai compte plus tard, ce genre de sujet ne laisse pas indemne. D'autre part parce que la prudence est de mise : mon reportage est destiné à être publié, non à être ébruité. Et puis les moments d'intimité entre Bilel et Mélodie ne sont jamais allés plus loin que ses délires verbaux. Il n'a jamais demandé à voir davantage que son visage. Il n'en a pas besoin... Bilel est terrorisant, peu importe les mots qu'il débite. Et encore ce soir :

— Ah tu es enfin là, ma femme ! T'étais encore punie ? Il faut qu'on parle, j'ai plein de choses à te dire ! Que des bonnes nouvelles !

— Ah... Dis-moi, j'adore les bonnes nouvelles.

— J'ai parlé au kadi[1] de Raqqa. Il t'attend avec impatience pour nous marier.

— ...

— Tu n'es pas contente, mon bébé ?

— Je t'avais dit qu'étant célibataire, je ne voulais pas arriver au Sham sans mon cousin ou sans être mariée...

— On ne peut pas se marier sur Skype, le kadi ne préfère pas...

— Ah, parce qu'on devait se marier sur Skype ? C'est recevable aux yeux de la loi un mariage numérique ?

— Oui, chez nous, tu peux. Mais le kadi me juge trop important pour que je me marie via un ordinateur. Il veut que tu sois en terre sainte. Lui-même t'attend avec un grand plaisir, mais il préfère que ça se passe ici.

Bien entendu il est hors de question que Mélodie, certes inconsciente mais pas tête brûlée, aille retrouver Bilel en Syrie, pour constater de ses yeux ce qui se passe une fois qu'on y est... Tout métier à ses limites. Autant se suicider, ça irait plus vite. Un jour, je m'y rendrai, mais sûrement pas sous les traits d'une convertie désireuse de se marier... Au passage, Bilel a complètement rayé le cousin de Mélodie de ses plans.

---

1. Juge islamique qui représente l'autorité. Le mot d'argot « caïd » provient du mot « kadi ».

Elle a beau le remettre sur le tapis, il reste sourd. Bilel a la surdité sélective, mais coriace.

— Comment ça se passe, les mariages, là-bas ?

— En fait, on est déjà mariés...

— ... Pardon ?

— Je crois t'avoir suffisamment et très vite demandé de devenir mon épouse, j'en ai donc parlé au juge qui a rédigé les papiers. Nous sommes officiellement mariés, ma femme ! Mashallah.

À cet instant, je ne sais pas comment je fais pour rester de marbre. Mais je n'ai pas le choix : de l'autre côté de l'écran, Bilel scrute le visage de Mélodie, à quelques centimètres du sien.

— Et je crois t'avoir toujours répondu qu'avant de te dire oui je me réservais de t'entrevoir, au moins... Toucher ta peau, sentir ton odeur, avoir une discussion où je peux te toucher la main.

Bilel ne répond pas. Mélodie enchaîne :

— Comment ça, «officiellement» nous sommes mariés ?

— Il te suffit de poser le pied en terre syrienne et notre mariage sera valide. Je te l'ai déja dit, nous appliquons les lois islamiques en accord avec la charia, et toi aussi désormais. Tu es vraiment ma femme maintenant.

— Je suis désolée, mais je ne comprends pas bien... Il suffit que je pose un orteil en Syrie pour devenir Mme al-Firansi ? Et ce, n'importe quand ?

— Ouais, n'importe quand. Tant que je suis en vie, en tout cas, inch'Allah ! Tu es vraiment à moi maintenant...

— ...

— Il n'y a plus qu'à ajouter deux choses importantes sur notre acte de mariage. Déjà, que veux-tu comme dot ?

— Ah bon, j'ai droit à une dot ? La coutume veut que ce soit le père de la mariée qui en offre une. Je n'ai pas de père. Et toi, tu as l'argent pour ça ?

— Mais qu'est-ce que tu crois, mon bébé ! J'suis Tony Montana, moi, ici ! Sauf que je ne fais pas dans la drogue mais dans la foi. Daesh est blindé... Eh oui, chez nous, qui respectons plus que tout la femme, c'est l'homme qui offre une dot à sa future épouse, pour lui témoigner qu'il s'occupera d'elle tout au long de sa vie. Alors, tu veux quoi ?

Je n'avais absolument aucune idée de tout ça ! La réponse de Mélodie se fait attendre. J'essaie de gagner du temps en posant d'autres questions, tout en repensant aux échanges avec ce fou qui pourraient inspirer une idée de dot à Mélodie. Une pensée incongrue me vient. Mélodie se lance :

— Une kalachnikov ?...

Le futur mari explose de rire. Je ne sais pas comment l'interpréter...

— C'est ça que tu veux ? Tout ce que tu voudras, ma femme. Ça me rend fier, mais tu aurais pu me demander bien plus !

— Ah bon, comme quoi ?

— Je ne sais pas, un palais, un château, de beaux chevaux... Ou faire couler le sang de qui t'a offensée.

— Non, non ! Une kalach, ça ira !

— De toute façon, l'émir de Raqqa, l'un des plus importants, nous a déjà trouvé un grand et bel appartement.

154

J'ai du mal à imaginer un F3 à Raqqa.

— Tu es gentil... Il est comment, l'appartement ?

Bilel se décompose. Comme chaque fois qu'il ment, il baisse les yeux et se gratte nerveusement la tête, légèrement renversée en arrière. Je connais aussi bien cette pose que ses regards langoureux. Quel comédien. Ses expressions de parade m'énervent un peu plus de jour en jour.

— Écoute, il est grand... Il est bien... Tu verras, de toute façon ! Faudra que tu le décores ! Bon, j'ai la dernière question à te poser et c'est la plus importante...

— Je t'écoute.

— Promets-moi de répondre sincèrement car ici ce sont des choses que l'on prend très au sérieux...

— Promis. Dis-moi.

— Tu es vierge ?

— Oui...

— Vraiment ? Parce que le kadi attend ta réponse pour l'inscrire sur l'acte de mariage...

— Ah, parce que ma virginité et la suite concernent tout Raqqa ?

— Mais non ! Juste ton futur mari et l'autorité suprême, c'est tout ! Tu me fais rire, t'es attachante et pure, Mélodie.

Personnellement, je n'ai aucune envie de rire. Bilel poursuit :

— Mentir sur ça, ça vaut la peine de mort, tu sais... Il y aura des femmes avant notre nuit de noce pour vérifier...

Là, je ris, mais jaune.

— Ne me fais pas faux bond, hein. J'ai prévenu tout le monde que tu arrivais, y compris les frères et la police des frontières... J'ai joué gros pour toi, alors ne me ridiculise pas et sois forte, viens ! T'es une vraie lionne, ma femme !

— La police des frontières, c'est quoi encore ça ? Un arrangement à l'amiable ou une vraie police ?

Je fais allusion à la Turquie, que l'on accuse de fermer les yeux sur les passages frontaliers.

— Les deux... Je t'expliquerai quand tu seras sur le chemin... Là, c'est trop chaud, avec les keufs et les journalistes qui essaient de s'infiltrer partout. Que des kouffar qui méritent la mort et rien d'autre.

Mélodie rit nerveusement. Elle dévie la conversation. Cela fait plusieurs jours que Bilel promet de l'aider dans son djihad, mais à part lui dire de choisir de passer par la Hollande ou l'Allemagne, il ne lui fournit aucun détail. Comme il continue de n'écouter que ce qu'il veut, Mélodie joue à la poupée. Oui, elle accomplira son djihad. Pour cela, elle passera par Amsterdam. Je connais la marche à suivre : un avion jusqu'à Istanbul, puis un autre pour Urfa ou Kilis. Mélodie, elle, se questionne : et après la Hollande ?

— D'ailleurs, il faut qu'on parle du trajet, dit-elle. Et de Yasmine.

— C'est qui Yasmine ?

Bilel a déjà oublié cette enfant de quinze ans à qui il a promis «un bon mari et une vie de rêve». Je suis folle de rage. Et cette dernière transpire un peu trop dans la réponse de mon avatar :

156

— Non mais t'es sérieux ? Yasmine, une de mes super copines, tu t'étais engagé à t'occuper d'elle aussi bien que moi ! On en a parlé plusieurs fois, je t'avais demandé si son âge était un problème, tu m'avais répondu que non, et tu m'avais expliqué la charia... Je viens pas sans elle !

— Ah oui... La mineure... Quinze ans, tu dis ? (*Il se frotte le menton, les yeux exaltés.*) Calme-toi, bébé ! Faut pas s'énerver comme ça sur son mari, c'est haram... On s'en occupera bien, de ta copine. T'en fais pas.

— C'est qui « on » ? Des histoires de femmes qui ne partent que pour satisfaire le désir des combattants circulent en France... Les sœurs disent que ce sont des esclaves !

— Mais n'écoute pas ce que ces idiotes de sœurs françaises racontent ! Elles ne sont pas ici ; moi, oui. Et c'est ton mari que tu dois écouter, et lui seul, désormais. Tu comprends ? Alors, comme je te l'ai promis je vais bien m'occuper de Yasmine... La veille de ton départ en Hollande, je t'expliquerai la marche à suivre... Mais rassure-toi, je serai là, ou une personne importante, pour venir vous chercher à Istanbul.

— D'accord, c'est bien ça, on devra aller jusqu'à Istanbul ?

— Oui... Mais on verra ça le moment venu... Mashallah. Le principal, c'est que vous arriviez vite. Surtout toi.

— J'entends ma mère dans les escaliers ! Il faut que je raccroche et que je fonce dans ma chambre.

Il m'épuise. Il m'est de plus en plus pénible de lui parler. J'aurais mieux fait, comme j'en avais l'intention

157

au départ, de le garder sous le coude, pour infirmer ou non certains faits, et apprendre un peu de ses mœurs. De ne pas m'engager dans cette folie.

— OK ma femme, je t'aime pour Allah...

— OK. N'oublie pas, après-demain je pars en Tunisie avec des sœurs pour prendre des cours d'arabe pendant une semaine. Je ne serai pas trop joignable, y a pas Internet là ou je vais.

— Franchement, tu devrais venir direct ici, t'apprendras beaucoup plus vite la langue, et bien d'autres choses.

— Écoute, c'est prévu, ça me fera du bien avant mon djihad. Ma mère arrive, je te laisse.

— Ça ne te fait rien que je te dise que je t'aime ?

— Si. Mais vraiment je dois raccrocher, là. Mashallah.

Je déconnecte enfin. Et m'enfonce dans mon canapé. Je me sens lourde. Je pense à cette Yasmine, qui porte le même nom qu'une de mes amies, bien qu'elles n'aient rien à voir. Absolument rien. J'aimerais bien être en sa compagnie à déguster des sushis devant une émission débile. Mais là, je dois penser à la Yasmine de Mélodie et lui trouver à elle aussi une histoire un tant soit peu viable. Je n'ai qu'à piocher dans mon imaginaire marqué par des filles dont je suis heureuse d'avoir croisé la route. Je pense à Wendy, Marlène et Charlène en particulier... Mes petites «cailleras» bagarreuses des banlieues de Lyon, avec qui six ans après je suis toujours en contact. Elles en ont commis, des conneries... Et pas de très jolies... Mais, aujourd'hui, elles ont pris un peu de plomb dans la tête, et elles sont sur le droit chemin. Bref, l'info du jour, quand même, c'est que je suis mariée ! Je refoule tout ce que Bilel a confié ce soir à Mélodie, et qui pourrait à moi, la journaliste, nuire par la suite. Je préfère dédramatiser, appeler Céline ou Andrew, mes confidents de toujours, et prendre un bain, afin de m'endormir sur une autre idée que celle de femmes m'inspectant pour savoir si je suis bien vierge...

Mais quand j'arrive dans la salle de bains, je me vois dans le miroir en Mélodie. J'ai, une fois de plus, oublié de retirer le voile. D'un coup, je n'ai plus envie de rien. Je voudrais juste être à demain. Dormir.

Jeudi

À l'heure du déjeuner, je suis attablée en terrasse avec Lou et trois autres amis. Notre humeur est à l'unisson du soleil qui rayonne en cette journée printanière. Nous dégustons chacun un cheese-burger en déblatérant des bêtises qui nous font rire. Soudain, le téléphone «jetable» de Mélodie sonne. Toute la tablée se regarde, comprenant instantanément qui appelle. Je décroche, et m'éloigne suffisamment pour ne pas jouer mon personnage devant mes amis. L'exercice relève tant du personnel. Je n'ai pas envie de les inquiéter, pas plus celle d'être jugée, pour être honnête... Depuis qu'il lui a annoncé leur «mariage», Bilel est en demande quasi permanente de parler à Mélodie, n'importe quand. Il exige des mots doux pour lui donner du courage. Il est aussi de plus en plus pressant sur la date d'arrivée de sa femme en Syrie. L'échange est bref. Mélodie se fait rassurante. Mais, sans m'en rendre compte, je dois avoir une attitude qui alerte mes amis. Cinq minutes plus tard, je me

160

rassois, comme si de rien n'était. Parce que pour moi ce n'est rien. Sinon un savant dosage de qui est qui. Si les contraintes de ce reportage relèvent de la schizophrénie, moi, je ne la ressens pas. Je sais exactement où j'en suis dans ma tête. Je crois même être devenue une machine qui s'adapte à tout, y compris à refouler ses sentiments de dégoût. Et puis, maintenant, l'histoire touche à sa fin. C'est aujourd'hui que nous devons finaliser la manière dont nous allons achever l'enquête. J'enfourne une bouchée de frites, mais, quand je relève la tête, je me rends compte que tous les regards sont braqués sur moi. L'appel de Bilel semble avoir coupé l'appétit de l'assemblée. Mes amis affichent des mines subitement pâles. Ils paniquent à l'idée que Bilel puisse me tracer depuis le téléphone portable. «Tu imagines les conséquences, s'il y arrive?» Bien sûr. Sauf que, je le leur rappelle, le téléphone ne se trouve lié à personne, et que toutes mes conversations Skype comme Facebook sont précédées d'un brouillage d'adresse IP. Ils n'ont pas l'air convaincus par mes explications. Petit à petit, j'arrive à changer de sujet, mais l'atmosphère légère de notre déjeuner est gâchée.

Nous retournons travailler, mais dès que nous sortons fumer je ressens leur angoisse, doublée de pessimisme. Et ça me peine. Je les ai rassurés; si j'en rajoute, ils vont trouver ça louche. Je m'en veux de susciter cette inquiétude en eux. Le soir, ils m'envoient chacun un message. Plein d'affection, et avec davantage de conseils que d'habitude. Leur ton est plus grave, et les émoticônes de réconfort se multiplient. Je comprends sans comprendre. On ne peut pas tout prévoir, évidemment, mais pour l'instant toutes les précautions ont été prises et, je le redis, je suis entourée de reporters bien plus chevronnés, affectés à des missions bien plus dangereuses et pour lesquels on semble s'inquiéter bien moins que pour moi en ce moment. Dans le fond, si la sollicitude de ces vrais amis me touche infiniment, à un point que ma pudeur m'empêche d'exprimer, je ne la trouve pas tout à fait justifiée.

Désormais, Mélodie entretient de rapides échanges avec Bilel, où elle mène la danse et la cadence. Elle tente le plus possible d'occulter tout le miel qui dégouline de la bouche du terroriste et essaie de se concentrer sur la question du parcours, point décisif dans le passage à l'acte de tout djihadiste. D'autant que Mélodie doit être accompagnée par Yasmine, une mineure. Là-dessus, malgré les explications épineuses que cela soulève avec son futur mari, hors de question de transiger. Ce soir-là, je m'autorise un rapide verre avec Hadrien, puis je file retrouver André, revenu auprès de Mélodie maintenant que la fin du reportage est décidée. Nous devons mettre la dernière main à notre stratégie. La question ne s'est jamais posée que je rencontre réellement Bilel depuis sa demande en mariage, ni ses fantasmes qui nous croient liés à la vie, à la mort. Déjà pour cette raison évidente. Ensuite parce que se rendre en Syrie aujourd'hui relève du suicide. Qui plus est pour un Européen. Alors une journaliste française... Les reporters prennent de gros risques, c'est le métier, or il faut parfois admettre que si l'on part, le retour n'est qu'une option totalement indépendante de notre volonté. Et encore, moi, je n'ai pas d'enfant... Cependant, pour boucler la boucle, nous avons besoin que Mélodie entreprenne ce voyage, et je crois que ça y est, nous tenons notre solution.

De retour chez moi, j'enfile en vitesse mon voile et tout mon attirail, tout en jetant un coup d'œil aux innombrables messages d'amour de Bilel qui envahissent mon ordinateur. Ce soir, Mélodie n'a pas le temps de badiner : c'est demain que je pars en Tunisie avec Lou (pendant que Bilel croira Mélodie partie en stage intensif d'arabe dans une école religieuse), et je voudrais profiter de ma dernière soirée avec Milan avant mon départ. Alors Mélodie prétexte que sa mère va rentrer d'une minute à l'autre, il faut qu'ils se dépêchent de parler de l'itinéraire pour qu'elle le rejoigne. Il lui a déjà expliqué qu'il fallait «tout quitter, ne rien laisser derrière soi», même pas une lettre à sa mère, «juste disparaître avant de donner des nouvelles une fois sur place, uniquement». Mais il ne lui a pas donné les détails concrets du trajet et j'ai besoin de les obtenir pour préparer mon périple avec André. Après quelques échanges inintéressants, Bilel se lance enfin :

— Je te l'ai déjà dit, tu prends l'avion jusqu'à la Hollande ou l'Allemagne, comme tu veux. De là, tu éteins ton portable et tu t'en débarrasses. Tu en achètes un nouveau à carte prépayée, et tu me le communiques sur mon adresse Skype, afin que je sois bien sûr qu'il s'agit de toi. Je te donnerai ensuite le reste des instructions pour rejoindre Istanbul et la suite...

— Non, Bilel, il faut que tu m'en dises plus, ce n'est pas n'importe quel voyage. Ne serait-ce que pour Yasmine, plus jeune, qui flippe.

— Alors, tu t'assures que le jour de votre départ, ta mère pense que tu dors chez Yasmine, et vice versa. Tu pars tôt le matin, avec un sac à peine plus grand que d'habitude. Et Yasmine doit faire pareil. Vous foncez à l'aéroport. Faites bien attention à ne pas vous faire griller, les keufs grouillent de partout. Agissez normalement, surtout... ne laissez aucune peur transparaître ! Ne vous retournez jamais en arrière, votre place est ici, c'est tout ce que vous devez vous dire... OK ? T'es une lionne ou pas, ma femme ? Si on vous pose des questions quand vous serez à Istanbul (*il fait un clin d'œil*), dites que vous venez avec MSF... Tu prends bien ton passeport sur toi, surtout ! N'oublie pas ! C'est très important une fois en Syrie.

En réalité, c'est pour le confisquer à l'arrivée... au cas où la nouvelle recrue tenterait de s'échapper.

— Je t'en dirai plus sur une ligne téléphonique sécurisée quand vous aurez défini votre début d'itinéraire, poursuit le terroriste. Je te communiquerai le numéro de la maman qui viendra vous chercher à Istanbul.

Une « maman »...

— Tu me promets que ce sera une femme ? Toi qui ne veux pas que les hommes posent le regard sur les femmes, tu ne laisserais pas un de tes frères s'occuper de moi, et me voir en premier, hein ?

— Bien sûr que non ! Jamais, tu es folle ! De toute façon la Turquie, c'est chez nous... On y fait ce qu'on veut ! Une fois que tu seras arrivée à la frontière

164

syrienne, là, je serai juste à quelques mètres de toi...
Inch'Allah.

— Où ça ?

— Je te le dirai... Contrairement à la majorité
d'entre nous, moi je ne peux pas mettre un pied en
Turquie... Par contre, ailleurs, oui...

— En Irak ?...

— Oui, ma femme... Mais chut. Nous menons en
secret une grande mission pour reprendre ce pays. Et,
inch'Allah, on y habitera tous les deux, je l'espère, un
jour.

— Tous les moudjahidines se rendent dans les
villes turques frontalières lorsqu'ils le veulent. En
tout cas, c'est ce qu'ils prétendent quand je regarde
leurs photos sur leurs comptes Facebook... Pourquoi
pas toi ?

— Si... mais pour moi c'est différent... Je t'expliquerai sur une autre ligne... D'ailleurs, maintenant que
nous sommes mari et femme, ferme définitivement
ton compte Facebook !

— Pourquoi ? Il n'y a aucune représentation de
moi, je n'appelle qu'à faire le bien dans le monde.

— Parce que ! Maintenant t'es ma femme, et une
bonne épouse, ça écoute son mari à la lettre.

Bien... Mélodie acquiesce, mais je ne couperai pas le
compte. Pas encore. Décidément, Bilel, autoproclamé
«expert en terrorisme», a de drôles de méthodes. D'un
côté il balance comme ça que sa brigade compte
s'emparer de l'Irak, de l'autre il fait tout un cinéma
pour garder le silence sur d'autres «confidences»
nettement moins importantes.

— Bon, va falloir que je te laisse... Je vois vite Yasmine pour lui donner tes consignes et décider du programme. Puis je te tiens au courant.

— T'as de l'argent pour payer les billets ?

— Yasmine non, mais je peux me débrouiller de mon côté. Sur place ce sera plus dur...

— T'inquiète pas pour ça, bébé. J'ai tout ce qu'il faut et au-delà. Tu es mon joyau, et Raqqa ton palais, je te l'ai déjà dit. Tu seras traitée comme une princesse.

Mélodie abrège la conversation. Elle esquive habilement les «Je t'aime pour Allah» et compagnie, puis réussit à couper court.

Enfin, mon reportage commence à ressembler à ce que je souhaiterais. J'en ai beaucoup appris. Et ce n'est pas fini. Le voyage est décidé. Je sais déjà que Mélodie passera par Amsterdam, parce que j'ai un contact à y voir dans le cadre de l'enquête. Dans l'avion qui m'y emmènera, scruterai-je tous les jeunes en me demandant lequel d'entre eux est candidat au djihad ? Mais bientôt *tout* sera terminé. Il me manque la marche à suivre livrée aux arrivants au dernier moment, une fois qu'ils ont déjà quitté leur pays. Je m'endors en me remémorant certains versets et préceptes du Coran qui n'ont rien à voir, ou si peu, avec tout ce que Bilel m'a appris. Dans le livre sacré, on trouve le mot «mère» trente-deux fois. Je repense à cette «maman» acceptant en son âme et conscience de venir chercher deux gamines innocentes pour les livrer en pâture à des assassins...

Vendredi

Enfin, je retrouve ma Lou à l'aéroport. Ce break va nous faire du bien, à l'une comme à l'autre. Dans le charter, nous nous empiffrons de M&M's en lisant la presse people et en prenant des selfies. Deux amies normales, en somme. La notion de «normalité» m'échappe, depuis quelque temps, et ce voyage est une vraie bouffée d'oxygène avant la dernière partie du reportage, programmée immédiatement après notre retour. Dans ma valise, j'ai tout de même ajouté l'attirail de Mélodie, au cas où...

Nous attendons de récupérer nos bagages quand le téléphone de Mélodie, oublié au fond de mon sac à main, vibre. Au milieu des textos de Bilel, il y en a un d'une certaine Vanessa[1], que je ne connais pas. «Bonjour ma sœur, je suis enceinte de six mois et je dois me rendre en Syrie dans les prochains jours. Mon mari combat pour le tien, il m'a donné ton

---

1. Le prénom a été modifié.

numéro pour savoir si l'on pouvait voyager ensemble, car avec mon ventre je m'inquiète et je suis d'autant plus repérable. *Sobranellah*, ma sœur. Bientôt nous serons là-bas.» Elle termine en me donnant son adresse Skype afin que nous échangions. Sur le moment, je ne prête pas attention à ce message, certaine que tout cela est bien trop bancal pour être vrai. Cette fille sortie de nulle part, qui me dit être très avancée dans sa grossesse, et ne semble vouloir voyager qu'avec moi... Bizarre. Est-ce un coup de Bilel pour tester ma fiabilité ? Peu importe... Ces quelques jours m'appartiennent. Ils ne seront pas consacrés à Mélodie, encore moins à Bilel. Je replonge le portable au fond de mon sac.

À notre arrivée dans notre chambre, nous piquons un fou rire en découvrant sur le lit les serviettes, qui représentent deux cygnes enlacés, entourées de pétales de roses rouges. Il fait 28 degrés, j'ouvre en grand la fenêtre et un soleil divin me pique les yeux de bonheur. Avant de descendre à la piscine, nous défaisons nos bagages, remplis des mêmes vêtements : mini-shorts, débardeurs, jupes, baskets et lunettes de soleil. Chacune a aussi pris un pull et quand je sors le mien, Lou se décompose en apercevant en dessous l'épaisse djellaba noire de mon avatar. Elle la soulève du bout des doigts en levant doucement la tête vers moi. Ses sourcils en accent circonflexe se passent de question. Je lui réponds que je l'ai glissée dans ma valise au dernier moment, et que je ne compte même pas la ranger dans le placard, pas plus que le hijab d'ailleurs. Pendant que j'enfile une robe légère par-dessus mon maillot, elle me charrie, m'imaginant portant ce voile qu'elle découvre enfin. « Tu veux que je le mette ? » je lui demande en riant. Elle court à travers la chambre comme une gamine : « Non, non, non ! » Lou a déjà vu des photos de nos échanges, elle n'a aucune envie de voir vraiment Mélodie exister. Mais nous sommes en vacances, allez, je vais la provoquer un peu, pour blaguer. Quand elle pénètre dans la salle de bains, je suis toute pimpante, affublée de mon voile. Elle se cache les yeux mais ne peut s'empêcher de pouffer. Puis me prend en photo tandis que j'applique de la crème solaire devant le miroir. De toutes les photos réalisées durant cette période, ce cliché est le seul qui ne me laisse pas un goût amer.

Nous profitons à fond de ces quelques jours de farniente, et la majeure partie de notre temps, nous la passons au bord de la piscine à bronzer et à nous raconter des histoires « de filles ». Et puis, un après-midi, le téléphone sonne. Mais sur le portable de Mélodie, que j'ai, consciemment ou non, oublié de laisser dans la chambre. Nous nous regardons comme si un fantôme appelait. Je décroche et m'écarte légèrement. Je trouve au bout du fil un Bilel paniqué et mort d'inquiétude. Il n'est absolument pas menaçant. Au contraire, on dirait un petit garçon. Soixante-douze heures que Mélodie ne lui a pas donné de nouvelles ! Va-t-elle bien ? L'a-t-elle oublié, lui, son mari ? Elle le rassure en parlant bas. Mais la communication passe mal. Bilel n'entend pas bien Mélodie. Et me voilà, déambulant en deux pièces rose, la peau huilée, à répéter relativement fort à deux pas des autres vacanciers :

— Mashallah, mon bébé ! Bien sûr que je suis toujours tienne, mais ici, il n'y a pas Internet et je dois beaucoup étudier. Nous n'avons pas droit au téléphone pendant les heures d'étude.

— Mais vous n'êtes qu'entre sœurs ? Tu portes le hijab au moins, rassure-moi ? Mon cœur en tremble que tout le monde puisse te voir.

S'il me voyait à cet instant...

— Bismallah, il n'y a que des femmes ici, et on est toutes bien couvertes de la tête aux pieds ! Notre unique préoccupation c'est d'apprendre.

La situation tient de l'absurde. Voire du vaudeville 2.0. Les clients, qui m'entendent et me voient, sont médusés sur leur transat. Quant à Lou, elle s'étouffe dans son drap de bain. Me voir jouer à une autre à moitié nue dans une langue entre le français et l'arabe que je ne maîtrise que très approximativement, la fait pleurer de rire. Je me retourne pour ne pas les voir. Je suis devenue rouge pivoine. Je ne sais plus où me mettre.

— Ah bon, tu me rassures, ma femme... J'ai cru qu'on te faisait du mal, ou pire qu'on t'avait monté la tête et que tu ne voulais plus de moi.

— Mais non, pas du tout.

— Alors pourquoi tu ne donnes aucune nouvelle ?

Parce que je suis en vacances, et notamment de toi, Bilel ! Mais comme il n'écoute jamais vraiment ce qu'elle dit, Mélodie répète patiemment :

— Je t'avais prévenu que je n'aurais pas Internet, et là où je me trouve, au fin fond de la Tunisie, mon portable passe très mal et ça coûte cher...

— D'accord, ma femme... Ça me fait de la peine de te savoir comme ça... Tu as de l'argent au moins ? Bientôt, je m'occuperai de tout ça pour nous et notre petite famille.

— Oui, ne t'inquiète pas, mais mon forfait est limité, je garde quelques unités au cas où ! Toi, tu vas bien ?

— Oui, ne t'en fais pas, je te raconterai, y a du nouveau.

— Ah bon, quoi ?

— Je te dirai. Mais c'est bon pour nous... Inch'Allah. Tu arrives quand ?

Bilel fait référence à l'assaut de certaines grandes villes d'Irak que Daesh va conquérir en juin, ainsi qu'au califat qui y sera prochainement prononcé.

— Bientôt.

— Quand ?

— Il faut que je voie avec Yasmine quel est le jour le moins cher pour se rendre à Istanbul.

— Mais quand ? Hein, quand ? Mélodie ? Ma femme ?

En quelques minutes, la fatigue et le stress me retombent dessus. Tout me revient. Le sentiment d'oppression, le mensonge, mon canapé sur lequel je ne peux plus m'asseoir sans qu'il m'évoque nos échanges.

— La semaine prochaine, sûrement...

— OK. Tu me préviens, hein ?

— Bah oui.

— Promets-le !

— Je te le promets, Bilel.

De toute façon, c'est vrai. Je vais bien me rendre à Istanbul, suivant ses instructions. À ce détail près que je serai accompagnée par André, et non par la petite Yasmine. Le plan est simple : Bilel me dit que c'est une femme mûre qui doit venir nous chercher. Elle s'attend à voir débarquer deux très jeunes filles vêtues de burqas, mais elle ne prêtera pas attention à deux amis en jean et baskets qui se fondront dans la foule pour attraper rapidement un taxi. André, habitué des « planques », se débrouillera pour photographier la mère maquerelle. Je prendrai quelques mètres d'avance sur lui, afin de pouvoir lui fournir des indications si besoin. Et puis, pendant que la recruteuse attendra Yasmine et Mélodie afin de les amener je ne sais où, André et moi attraperons une correspondance pour Kilis. Une ville frontalière de la Syrie, mais plus sécurisée, car contrôlée par les Kurdes. Kilis ne connaît pas les bruits de la guerre, mais elle en a la tristesse... Nous devons réaliser là-bas une interview de Guitone, afin de comparer ses réponses à celles de Bilel, Abou Mustapha, etc. Le sujet se terminera ainsi, sur une photo de Mélodie de dos à quelques mètres de la frontière syrienne. Là où la journaliste s'arrête aux portes de l'enfer, Mélodie, elle, y entre. Ce travail sera fini, et personne ne sera sacrifié. Réellement, du moins. Ça y est, nous tenons notre fin, et donc le motif qui me manquait pour lâcher l'investigation, et surtout Mélodie... Fini ce dédoublement de personnalité et cet empiètement de plus en plus pesant sur ma vie privée. Rhallas. La boucle sera bouclée. Enfin, au moment où je raccroche avec Bilel, là-bas en Tunisie, c'est ce que je crois.

Quatre jours plus tard

Cette brève trêve tunisienne s'achève paisiblement. La veille de notre départ, Bilel se fait plus insistant que jamais. Frustré de ne lui avoir parlé que brièvement l'autre jour, au bord de la piscine, il inonde Mélodie de messages. Il est meurtri. Elle lui manque beaucoup trop. S'il ne s'endort pas sur la vision de l'ovale du visage de « sa petite femme », ses nuits n'ont plus la même saveur. Ses journées, il les subit. Il exige de la voir depuis des jours. Pourquoi le lui refuse-t-elle ? Son ton se durcit. Entre la tentative acharnée de lavage de cerveau qu'il assène à Mélodie et leurs longues heures de discussion, il s'y est perdu lui-même. En face, je sens un homme amoureux... Et ça, c'est très mauvais pour moi. Parmi tous ses défauts, Bilel souffre d'un ego démesuré. S'il comprend qu'une fille dont il s'est épris, qui plus est journaliste, s'est jouée de lui, les risques que j'encours augmentent dangereusement. J'espère me tromper, car un homme trahi peut se révéler sous un jour jusqu'alors inconnu, et je n'ose imaginer ce que cela pourrait donner chez un djihadiste comme Bilel... Il n'a clairement pas la grandeur d'âme d'épargner à celle qu'il aime sa haine et ses envies de vengeance. Dans l'hôtel où nous logeons, Internet n'émet que depuis la réception. Cela fait plusieurs jours que l'on me voit ricaner avec ma copine, la plupart du temps simplement vêtue d'un maillot de bain, comme le reste des vacanciers. Je suis perplexe à l'idée de me montrer en hijab dans le hall pour rassurer le mari de mon double numérique. Quant à la longue robe noire, on va oublier... En même temps, je sens qu'il faut qu'il me voie pour être rassuré et continuer à ne se douter de rien. Je cadrerai étroitement la webcam de sorte que Bilel distingue Mélodie en plan serré. En croisant les doigts pour qu'il ne lui demande pas de bouger la caméra. Je vois bien à quel point ma mise en scène stresse Lou, même si je peine à déchiffrer l'expression froncée de son visage pourtant si reposé. M'en veut-elle de lui infliger cela ou a-t-elle peur pour moi ? Extrêmement pudique, Lou déteste toute forme d'intrusion. Ce soir, jusqu'à notre lieu de vacances, Bilel s'impose à Mélodie, et donc à nous. Il gagne. Il nous a déjà entaché quelques bons moments cette semaine, là, il gâche notre dernière soirée. Nous prenons place sur l'une des longues banquettes en arrondi du hall de l'hôtel. Chacune son Mac sur les genoux. J'ai proposé à Lou de faire cela seule, mais elle aussi a besoin d'utiliser Internet. Peut-être souhaite-t-elle également rester près de moi, me protéger ? Tongs aux pieds, j'enfile mon voile noir sur ma courte robe blanche. Mon visage est bien trop doré, pour quelqu'un qui

174

passe soi-disant ses journées enfermée à étudier... Lou fait semblant de ne pas me voir. Tant mieux. Ce n'est pas le moment de jouer de mon double et de tenter de la faire sourire pour désamorcer la situation. Sans compter que, bien que je la considère comme ma petite sœur, j'éprouve une certaine gêne à la voir me découvrir dans cet exercice. Mais elle en sait beaucoup. Cela devrait aller, et l'échange sera court : Mélodie est pressée.

Bilel entrevoit enfin le visage de Mélodie. Ses yeux débordent d'inquiétude.

— Tu vas bien ? Je ne peux pas avancer dans ma quête sans toi. Ne me refais plus jamais ça, mon amour, ma vie, ma femme...

— Mashallah, Bilel. Je suis désolée de t'avoir inquiété. Mais c'est mission impossible de trouver du réseau là où je suis. Et je dois être discrète... Le départ approche... Les sœurs, ici, en plus de nous enseigner l'arabe, nous sensibilisent beaucoup sur les dangers du djihad, alors je ne veux pas éveiller les soupçons.

— Ne les écoute pas ! Ta place est ici, auprès de ton mari ! Inch'Allah, comme tu m'as manqué... Je vais enfin pouvoir dormir quelques heures.

— Tu dors quand même bien un petit peu, depuis que je ne peux plus te parler ?

— Pas vraiment... Je t'ai dit depuis le début que j'étais acharné à Allah. Avant je n'avais que le boulot, mais depuis que tu es dans ma vie, tu es devenue mon autre raison de vivre.

Je déconnecte. Pour mille raisons. Déjà, j'observe discrètement Lou, qui elle-même est en conversation sur Skype. Je voudrais pouvoir deviner si elle a prêté attention aux dernières phrases de Bilel. Apparemment non. Elle s'attache toujours à faire semblant de m'ignorer. Ensuite, je ne sais pas pourquoi, mais les animateurs de l'hôtel, particulièrement un dénommé Moustique, n'arrêtent pas de nous tourner autour. Eux qui ne nous adressent la parole que quand ils jouent au water-polo à un millimètre de notre transat, ou bien qui nous ont désigné pour seules clientes à réveiller quand nous faisons la sieste, histoire de faire rire les vacanciers, semblent avoir choisi ce soir pour nous draguer. Alors là, si Bilel entend ne serait-ce que le murmure de la voix d'un homme, ce sera la catastrophe. Il va rappeler, c'est sûr. Autour de moi, on continue de me jeter des regards surpris. Voire méprisants. Sa photo de lui en combattant réapparaît sur l'ordinateur, je clique sur «Répondre».

— Dis-moi que tu m'aimes, Mélodie !

— Je t'entends très mal, bébé, mais je voulais te dire que je vais bien, et que je rentre en France demain. Je te demande juste d'attendre que je sois revenue à Toulouse pour que l'on se parle. Je te promets que j'aurai du temps...

— Ma femme, je t'entends et tu me rassures, mais je suis mal que tout le monde puisse poser les yeux sur toi...

— Mais j'ai mon voile...

— Peu importe, tu ne devrais pas sortir comme ça, cette douleur me va droit au cœur...

— Mais je me conduis bien, et tu m'as dit que si j'étais couverte, je pouvais sortir !

— Ici[1] ! Mais pas dans des pays de mécréants !

— Mais je suis en Tunisie...

— C'est pire, eux, avec leurs femmes en talons ! Le plus grand nombre de djihadistes au Sham viennent de Tunisie. Ils sont écœurés par les loups qui transforment des agneaux en femmes faciles infidèles. Que personne ne t'approche, je jure devant Allah que je le tue, sinon !

— Moi, aucun homme ne m'a adressé la parole. Ne t'inquiète pas... D'accord ?

— D'accord... Mais je veux que personne ne te rentre des trucs dans la tête. Tu peaufines ton arabe, et rien d'autre. Ta peau est tellement bronzée, ça te change.

Je m'attendais à ce qu'il fasse cette réflexion, mais en se doutant d'une supercherie. Là, je ne perçois pas le moindre indice de doute dans sa voix...

— Ça me change ? Tant mieux, non ? C'est plus joli, les femmes avec de bonnes couleurs !

— (*Il répond avec un air de mépris.*) Tu ressembles aux filles que je connais, avec ta peau foncée... Je te préfère le teint plus clair, comme Allah a voulu que tu sois. Là, tu fais moins innocente... Mais ça fait ressortir le vert de tes yeux, et cette vision bercera mon sommeil.

Je soupire intérieurement. Lou jette discrètement de très brefs coups d'œil à l'écran. Je coupe volontairement plusieurs fois la conversation, prétextant une mauvaise connexion. Mais Mélodie peine tout de

---

1. À Raqqa.

même un certain temps avant de se débarrasser de son « mari ».

Puis je retire discrètement mon hijab et me tourne vers mon amie. Je sais parfaitement ce que signifie sa moue à cet instant. Elle est contrariée. Et tout ce qu'elle ressent se bouscule tellement en elle qu'elle n'arrive pas à l'exprimer autrement. J'arrive quand même à lui tirer quelques mots. Elle m'explique qu'entendre le djihadiste l'a énormément dérangée. Elle a donc perçu certains de nos échanges... Elle trouve trop périlleux que la journaliste se mette en danger ainsi, car une réelle proximité est née, elle l'a remarqué, et trouve ça terrifiant. Lou a ressenti l'appartenance de Mélodie à Bilel, et ça la glace.

Elle me retrouvera plus tard, elle doit encore skyper. Quand elle remonte dans la chambre, je suis dans mon lit. Elle s'allonge en silence sur le sien. J'attends qu'elle me regarde et enfin elle me sourit. Nous ne reparlons pas de ce qui s'est passé. Je sors ma lourde artillerie de vernis, et je lui peins les ongles en rouge.

Mercredi soir

Revoilà mon canapé. Aussi sombre que les vêtements de Mélodie. D'ordinaire, j'adore retrouver mon appartement. Redécouvrir ma bulle, qui me paraît encore plus protectrice qu'à mon départ. Je m'y sens intouchable. Surtout, je retrouve mon gros chien, que j'aime tant. Il ressemble à une peluche géante qui ne fait que dormir, et porte le nom d'un titre de Nancy Sinatra. Ce soir, après une douche, je file direct sous ma couette. J'appellerai Bilel de ma chambre. C'est arrivé rarement, André n'aimait pas ça, mais parfois, faute de temps ou pour des questions de luminosité pour les photos, nous n'avons pas eu le choix. L'ambiance y est douce et feutrée. Je ne m'éclaire presque qu'à la bougie au moment de m'engouffrer sous les draps. Ordinateur sur les genoux, j'ai simplement enfilé le voile. La caméra est positionnée de telle façon que Bilel ne distinguera rien d'autre que mon visage. Je me suis préparé un thé brûlant, que je dépose sur ma table de nuit en bois. J'appelle. Dès ses premiers mots, il me fatigue déjà. Je ne peux plus le supporter.

— Je t'ai manqué ? Tu m'aimes ? Moi je t'aime si fort... Mélodie, ma femme...

— Je n'entends pas bien ce que tu dis. Quoi de neuf pour toi ?

— Faut absolument que je te dise un truc ! J'ai donné ton numéro à la femme d'un frère. Elle aussi arrive bientôt, mais elle est enceinte de six mois, et elle serait rassurée de voyager avec toi, comme tu es la femme d'un émir, tu comprends... En retour elle aura plein de conseils de fille à t'apporter... Elle s'appelle Vanessa.

Oh non ! Je coupe aussitôt la liaison. Ce message reçu en Tunisie et qui me paraissait si gros était donc vrai ! Une fille enceinte jusqu'au cou, visiblement mineure, veut se rendre en enfer. Bilel rappelle, et je claque le rabat de l'ordinateur, que j'abîme au passage. Je recherche dans le téléphone de Mélodie le texto de Vanessa, pour lui répondre immédiatement. Je tape à toute vitesse sur mon clavier.

« Salam aleykoum ma sœur, désolée de ne répondre que maintenant. J'avais besoin de réfléchir quant à notre voyage... Est-ce le bon moment d'y aller ? Surtout si tu es enceinte... »

Vanessa me répond immédiatement. Son vocabulaire mélange l'arabe et le français, tout n'est pas très clair. Mais je comprends qu'elle est déterminée, et qu'elle doit retrouver le père de son enfant. Elle me supplie de voyager avec elle, et me promet en retour de répondre à toutes les questions que je me pose.

Prise de panique, je ne sais que faire. Je devrais prévenir la police. Oui, mais je suis journaliste, et je me refuse à dénoncer qui que ce soit, surtout une jeune fille vraisemblablement fragile. Dans ce cas-là, est-ce de la délation ou de la protection ? En plein stress, je pèse les possibilités. Mélodie finit par lui proposer de se laisser encore une semaine pour mener à bien les préparatifs, histoire de me permettre de gagner un peu de temps. Vanessa accepte chaleureusement, et notre accord clôt nos échanges SMS d'environ vingt minutes. Ça me laisse un peu de temps pour voir venir, et en parler à ma hiérarchie. Je dois maintenant rappeler Bilel. Je me reconnecte, encore plus à contrecœur que tout à l'heure. Mélodie bredouille une excuse qui concerne sa sœur, puis le laisse parler. J'ai jusqu'ici amassé une large quantité d'informations. Plus que n'en demandait la mission initiale. Je ne souhaite plus qu'une chose : conclure vite.

Je n'écoute même plus ses mots doux. Mélodie voudrait juste lui répéter qu'elle part d'ici deux jours pour le retrouver, être sûre qu'il l'a bien entendue. Je saisis ma tasse de thé, froide à présent, et souffle dessus pour me donner une contenance. Je n'en ai pas le temps.

— Oh ! Oh ! C'est haram ce que tu fais, arrête tout de suite ! Oh, Mélodie !

Arrêter quoi ? Je ne comprends pas du tout. Mais lui, ça semble le mettre dans tous ses états. Ses yeux sont exorbités. Qu'ai-je fait pour trahir Mélodie ?

— Souffle pas sur ton thé !

— Mais il est chaud !

— C'est *makloum*[1] ! C'est le minimum. Tu le sais pas ou quoi ?

— Non... Pourquoi ?

— Mais parce que ça ne répond pas aux lois islamiques mais à celles de ton pays ! Enfin, Mélodie !

Ah ! Parce qu'il y a un passage «comportement approprié vis-à-vis des boissons chaudes» dans les codes civils de plus de cent soixante-dix pays ?

— Je ne vois pas le rapport...

— Tu ne dois pas changer la nature des choses, c'est écrit... La charia répond à des lois strictes : si tu as n'importe quel problème demain, comme te faire agresser, voler ou autre, tu es considérée comme un kouffar si tu t'en plains à ton pays. Dans ce cas, tu deviens mon ennemi et celui du Tout-Puissant, puisque en te tournant vers la justice des hommes, tu deviens d'office une infidèle. Ta mère, par exemple, elle a au moins souscrit à une assurance quelque part ?

— Oui ! Même à plusieurs et pour des prêts !

— Eh bien ça fait de ta mère d'office ton ennemie. Elle ne respecte pas nos lois, donc l'islam. Par conséquent, tu ne lui dois plus rien. Alors je te conseille de bien revoir tes cours sur le Tawhid et la dawa[2] ! Et de te détourner de l'ennemi.

Oui, voilà. Après avoir lu l'Ancien Testament, le Nouveau, et le Coran, j'ai très envie de me pencher sur les lois qui constituent les bases de la charia. Plus le temps avance et plus je le méprise. Bilel m'évoque la pédophilie quand il me parle les yeux exaltés de

---

1. Interdit.
2. Invitation au non-musulman à écouter le message de l'islam.

Yasmine, et le vice et le mensonge lorsqu'il s'adresse à Mélodie. Il n'est pas, comme je le croyais au début, un loup recouvert d'une peau d'agneau. C'est un diable. J'ai vu son regard quand il a hurlé à Mélodie de ne pas refroidir son thé. Quand il lui a dit que sa mère était « d'office son ennemie ». Je veux continuer à suivre l'État islamique, al-Qaida et d'une manière générale tout ce qui se déroule au Moyen- et au Proche-Orient, mais sans Bilel en mauvais génie qui sort de sa théière à sa guise. Mélodie s'apprête à raccrocher. Subitement, Bilel lui demande :

— T'as quel âge déjà ?

— Depuis le temps qu'on parle, tu l'as oublié ?

— Non, mais j'ai un doute.

Pour voir sa réaction je tente une pirouette :

— Bientôt dix-huit ans.

— OK... Ah, ma petite femme, comme tu es belle.

— Mais non, j'ai vingt ans ! C'est Yasmine qui est mineure !

— Mashallah, ma femme, tu te joues de moi, c'est pas bien, mon amour !

— Moi je sais que tu as trente-huit ans, et que tu es né le 8 janvier ! C'est inscrit sur ta page Skype.

— Ça c'est pour brouiller les pistes !

— Tu n'as pas trente-huit ans ?

— Si, mais je ne suis pas né en janvier, je suis né le 6 juin 1976 ! J'ai dû changer quelquefois d'identité...

Mon cœur bat la chamade. N'importe quel journaliste aurait rebondi illico sur cette dernière phrase. Je ne le peux pas. Et pas seulement pour ne pas «griller» ma couverture. À cet instant, j'ai presque envie d'arracher mon voile. Je lui réponds avec ma vraie voix, celle qui ne minaude pas. Je n'arrive plus à faire semblant d'être une autre.

— Il faut que je te laisse, Bilel.

— Déjà?

— Oui. Bonne nuit.

— Mais...

Je lui coupe la parole. Le clapet de mon ordinateur se referme violemment pour la seconde fois de la soirée. Après la séquence avec Milan, c'est le deuxième échange que je vis mal; la seconde fois, et il n'y aura pas de troisième, que, sans le savoir, Bilel entre en collision directe avec le plus intime de ma vie. J'allume une cigarette et je lutte intérieurement pour ne pas exploser de toutes mes forces mon Mac par terre. Un jour, il y a longtemps, un de mes grands frères, qui est né la même année que Bilel, a prononcé une phrase que je n'ai jamais pu oublier. Nous venions, avec ma famille, d'emménager dans un plus grand appartement. Seulement, il faisait pratiquement face à un cimetière. Côte à côte, nous regardions par la fenêtre cet espace immobile, qui nous semblait gigantesque. Nous fumions nos Marlboro rouges dans un silence de plomb. À un moment, mon frère a murmuré, comme s'il pensait tout haut : «Chaque présage a son devenir.» Quelque temps plus tard, il mourait de ne plus vouloir vivre. Il venait tout juste de fêter ses vingt-six ans, un 6 juin. Bilel et ma bonne étoile sont nés le même jour de la même année. Sauf que l'un est vivant, et l'autre plus.

Je n'ai jamais confié cela à personne. Pas une journée ne se passe sans que ses grands yeux noirs aux cils interminables n'apparaissent dans ma tête. Je pense à mes parents, qui habitent toujours dans cet appartement. Et je prends cette macabre coïncidence comme l'arrivée d'un très mauvais présage.

Tôt, le lendemain matin

La sonnerie du téléphone m'arrache au sommeil. Je décroche, encore à moitié dans mon rêve. C'est André. Il ne pourra pas m'accompagner à Amsterdam demain. Il vient d'apprendre la mort de son père. Il se confond en excuses de devoir se retirer du projet... Dans sa voix se mélangent sa peine et sa déception de ne pouvoir être avec moi, après tout ce que nous avons partagé. Mais bien sûr que sa place est près des siens ! Les larmes me montent. Je m'en fiche du reportage, je voudrais juste pouvoir le serrer dans mes bras. Je ne sais pas comment le rassurer et lui dire d'oublier tout le reste, le boulot, Bilel y compris. Il me demande de prévenir le journal. Ce que je fais tout de suite. D'ailleurs, le temps de prendre une douche et de m'habiller, et j'y fonce. Quand j'arrive, c'est déjà le branle-bas de combat pour trouver un photographe «de confiance» qui puisse le remplacer au pied levé. Celui suffisamment chevronné pour veiller sur moi quand nous serons à la frontière turco-syrienne, mais aussi celui qui connaît bien la mentalité des fanatiques... Sans compter les risques encourus et le sang-froid dont il faudra peut-être savoir faire preuve. Malgré la prudence extrême de la rédaction, au point qu'elle hésite à m'y envoyer, tout Européen qui part dans ce coin du Levant a peu de garanties de ne pas être kidnappé. Entourée de deux supérieurs et du patron de la photo, ainsi que d'Hadrien, qui supervisent le projet depuis le début, nous passons des heures à sélectionner deux candidats. Entre les réticences, voire les refus, que certains expriment quant à se rendre dans cette zone, et les photoreporters que le bureau de la photo ne juge pas qualifiés pour la mission, le choix devient ardu. Finalement ce sera Charly. Un grand photographe dont je ne connais que la réputation et quelques-unes des photos saisissantes de différents conflits ou crises couverts tout au long de ces trente dernières années. La journaliste en moi est rassurée. Avec Charly, tout ira bien. Mais, sur le plan personnel, j'aurais préféré une autre personne, que je connais bien, et dont j'admire aussi le travail, comme Julien par exemple. Charly va me voir arrondir quelquefois la bouche en cœur dans la peau d'une autre, et c'est la première image qu'il aura de moi. La comédienne improvisée que j'incarne depuis ces dernières semaines aurait préféré que le témoin de son spectacle soit un proche. J'espère que Charly ne me jugera pas, lui à qui j'ai trouvé l'air si sérieux, les rares fois où j'ai eu l'occasion de l'entrapercevoir. La rédaction du journal l'a briefé, et nous nous appelons dans la soirée afin que je peaufine les explications. À peine ai-je ouvert la bouche qu'il me coupe la parole :

— Chère mademoiselle, je ne veux pas connaître votre nom. Pour moi vous êtes Mélodie, car je ne veux pas mettre à mal le sujet, et prendre le risque de vous appeler par votre véritable prénom. Vous me le révélerez une fois le reportage terminé.

Très bien ! Ça me fait sourire. J'imaginais ce monsieur un peu rigide sur les bords, sans trop d'humour. Il n'en est rien. Et aujourd'hui, je remercie Dieu, s'il existe, de nous avoir mis sur le même chemin. Puis nous parlons un long moment. Charly se retrouve catapulté dans un reportage complexe dont il ne savait rien vingt-quatre heures plus tôt et qui va le conduire en Hollande dès le lendemain aux aurores, puis à la frontière turco-syrienne le surlendemain. Le sujet n'est pas commun. Particulièrement le fait que la journaliste en soit aussi la protagoniste. Il se demande comment il réussira à me mettre en scène sans que l'on me reconnaisse. Je le sens embarrassé de devoir réaliser des clichés d'une conversation, lui qui est plus habitué à s'abriter sous un char tandis que les balles fusent au-dessus de sa tête... Le journal lui a assigné trois objectifs. Le premier : « planquer » Lola[1], la jeune fille que je dois rencontrer à Amsterdam. Le deuxième : photographier la « maman » censée récupérer Mélodie et Yasmine à Istanbul. Le troisième : partir à Kilis pour réaliser des clichés de Guitone puis de Mélodie. Lola a déterminé mon itinéraire. Son témoignage tombe du ciel, et elle habite l'une des deux villes par lesquelles Mélodie devait transiter. Même si mon choix était déjà presque défini, étant donné mon

_____
1. Le prénom a été modifié.

188

amour pour cette ville. Et surtout le fait qu'Hadrien doit s'y trouver ce week-end-là, pour assister au World Press, la cérémonie la plus importante qui récompense chaque année les meilleures photos à travers le monde, et donc les photographes, parmi lesquels des amis. Le festival de Cannes des photoreporters, en somme. À force de rencontres numériques avec des sœurs sur internet, Mélodie a partagé des conversations avec cette prénommée Lola, qui a failli rejoindre en Syrie un belligérant de Daesh qu'elle pensait aimer. Heureusement, elle a été stoppée in extremis quelques minutes avant son départ pour la Turquie. Une histoire que je brûle d'envie de connaître, et qui ressemble beaucoup à celle de Mélodie... La colère passée, et avec l'interdiction policière formelle de tout contact avec son djihadiste, Lola a vu croître les exactions de ce qui devait être sa brigade, sa «famille». Elle a pu juger et se faire une opinion par elle-même en consultant des dizaines de sites occidentaux et orientaux. Elle ne se retrouve finalement pas dans l'idéologie des soldats de Daesh. Elle habite dans un foyer, car si elle a compris qu'il ne fallait pas se rendre au cœur de la guerre, elle continue d'appliquer sa religion stricte-ment. Ses parents, protestants, ne la toléreront à la maison que si, au minimum, elle accepte de retirer sa burqa et ses gants. Pas avant. Mais Lola s'y refuse. Comme elle est surveillée et sur écoute, il est plus sûr que l'on se rencontre en face à face. Elle a peur qu'accorder une interview à un journaliste lui porte préjudice, soit vis-à-vis de Daesh, soit vis-à-vis de la police. Le but de ce voyage est donc aussi de recueillir son témoignage, pour nourrir mon enquête. Cette interview me permettra également d'affermir les explications que Mélodie devra livrer à Bilel quand elle lui annoncera qu'elle ne peut finalement pas le rejoindre. La tâche s'annonce rude. Le guerrier ne laissera pas aisément sa proie lui échapper. Mon rendez-vous avec Lola est prévu vers 16 heures. De l'autre côté de la rive, Charly, aidé d'Hadrien puisqu'il sera sur place, prendra au téléobjectif des photos qui attesteront de la véracité de notre rencontre. Il nous cadrera volontairement de profil afin que l'on nous reconnaisse le moins possible, surtout Lola. Ensuite, il faudra enchaîner avec l'ultime conversation entre Mélodie et Bilel... Celle où il la découvrira sur la route de son djihad et lui livrera enfin les précieuses instructions sur la dernière partie du trajet que j'attends avec impatience. Puis, le lendemain matin, pendant qu'il me croira dans un avion pour Istanbul avec Yasmine, Charly et moi aurons atterri de notre vol Amsterdam-Istanbul depuis longtemps. Si tout va bien, après avoir immortalisé la passeuse censée récupérer Mélodie et Yasmine, nous aurons attrapé à temps notre correspondance pour Kilis. Outre l'interview prévue avec Guitone, je veux me rendre compte par moi-même de l'ambiance et de la désolation de cette ville frontalière. Interroger des hommes, peut-être des femmes, voire des ados, sur ce qu'ils ressentent et ce qui les anime au moment de passer à l'acte. J'ai besoin de me tenir devant cette ligne de démarcation. De prendre une grande respiration et de repasser du bon côté du miroir. Enfin lâcher ce poids en moi qu'est Mélodie. La libérer, me libérer surtout. J'irai probablement dans un hôtel réputé pour abriter ses clients une seule nuit, avant leur passage «de l'autre côté». Là, Mélodie enverra un ultime mail à son prétendant pour lui dire que quelqu'un a dû la dénoncer puisque, toute cause entraînant un effet, on ne l'a pas laissée prendre l'avion pour la Turquie. Elle se sentira surveillée et devra rentrer en France, pour le moment. Puis elle n'existera plus. Comme si elle s'était volatilisée. Et Bilel n'entendra plus jamais parler d'elle. En réalité, j'ai l'intention de donner comme chute à ce sujet sur le «djihad numérique» mon arrêt à Kilis, et le peu d'obstacles qui se dressent sur la route de celles et ceux qui entreprennent ce terrifiant voyage.

Mais absolument rien ne s'est passé comme prévu.

Vendredi 25

J'aperçois Charly dans la foule des passagers d'Orly. «Comment sais-tu à quoi je ressemble, puisque moi-même je ne te connais pas, Mélodie?» Je lui réponds que sa réputation le précède, la mienne largement moins... Nous sympathisons immédiatement. Déjà, pour commencer, il ne cesse de se moquer de Mélodie et j'adore que l'on me fasse rire. Charly est tout le contraire de ce que j'imaginais! André et lui sont tellement différents. Charly est posé, parle bas et se défend de tout à l'aide du second degré. Toujours sous contrôle, même s'il n'en pense pas moins. Humour et sang-froid sont ses armes. Il dédramatise toute situation, en ayant le talent de mener à terme le reportage qu'il a entrepris. J'ai emporté avec moi un vieux Rollei Flex offert par mon père. L'engin d'occasion doit dater des années 40. Je peine à m'en servir. «Regarde, c'est facile», me dit Charly en me le prenant des mains. Nous sommes en pleine leçon de photographie quand Hadrien nous rejoint. Charly et lui se connaissent très bien, depuis des années. Finalement, malgré la triste absence d'André, qui me manque, et mon mauvais pressentiment, nous embarquons dans la bonne humeur, impatients d'y être enfin.

En vol, je commence à taper l'introduction de mon sujet car, à partir de maintenant, tout va se dérouler très vite. Nous avons moins d'une heure de trajet, et d'une oreille j'écoute «Eye of the Tiger», le titre mythique du film *Rocky*. Je m'y crois vraiment... Si l'hôtesse ne me donne pas un sachet de sel au céleri avec mon jus de tomate, je vais lui coller un uppercut. Celui que j'aimerais tant assener à Bilel.

Tout s'accélère à notre arrivée en terre néerlandaise. Lola commence par décaler notre rendez-vous d'une demi-heure ; elle semble hésiter. Puis elle rappelle pour le reculer d'encore une heure ou deux, m'expliquant qu'elle ne peut pas quitter le foyer où elle loge à sa guise. Merde ! Charly et moi savons que lorsqu'un contact ne cesse de modifier la rencontre, ça n'est pas de bon augure... Bon, croisons les doigts pour qu'elle ne nous plante pas. Pendant que je cours acheter un téléphone rechargeable et donc intraçable, comme Bilel l'a demandé à Mélodie, Charly et Hadrien s'affairent sous une chaleur de bête à trouver les meilleurs endroits pour la prise de vue. En cette fin avril, la température de la ville aux canaux frôle les 30 degrés. Nous tombons aussi en pleine célébration du Koningsdag, la fête nationale néerlandaise. À tous les coins de rue, les DJ balancent des sons assourdissants qui se mélangent les uns aux autres. Les habitants, vêtus d'orange selon la tradition, rient, boivent, chantent. Affublés de perruques, ils portent sur l'épaule, façon Run DMC[1], leur stéréo rétro. La chaleur et le bruit, ajoutés au timing serré qui nous attend, commencent à nous taper sur les nerfs, dans un contexte où ils sont déjà relativement à vif. Et voilà que je découvre l'hôtel où nous logerons pour la nuit, au bord du canal, donc à l'épicentre de la moindre nuisance sonore... Fantastique. Il ne manquait que ça. En attendant le rendez-vous avec Lola, je prépare méticuleusement tout ce dont j'aurai besoin dans l'ultime échange Skype entre Mélodie et Bilel : deux burqas intégrales, comme il l'a exigé, mon téléphone personnel pour enregistrer les conversations, le nouveau pour le contacter, et aussi celui de Mélodie, que j'ai gardé au cas où. J'ai beaucoup maigri pendant ce dernier mois. Mon visage est plus émacié que d'habitude. J'étais tellement dedans... Du lit de ma chambre miteuse, je regarde pour la dernière fois la djellaba et le hijab de Mélodie. J'ai un pincement au cœur. Pas de lâcher mon déguisement, mais de l'abandonner, elle. Et comme toujours quand je sors de ces périodes extrêmes d'adrénaline, je me dis : *Et maintenant ?* Bilel ne va pas me manquer, ça c'est sûr. Pas plus que l'attitude de minaudeuse timide que je devais adopter. Mais le quotidien syrien, même si c'était par le prisme de Bilel, va lui aussi disparaître de ma vie. Une fois ses propos vérifiés, il constituait ma meilleure source d'informations. J'étais, je dois le

---

1. Célèbre rappeur américain, référence de la culture rap des années 80.

reconnaître, accro à ce reportage. Mes pensées sont confuses. Je suis fatiguée.

Pour ajouter au stress, voilà que mon père m'appelle pour la énième fois de la journée. Je ne sais pas ce qu'il a aujourd'hui, mais, pour la première fois, je ressens ce que cela doit être que d'avoir une mère ashkénaze. Ce matin, à l'aéroport, nous nous sommes raccroché au nez. Par mon frère et ma mère, il me sait vaguement à Amsterdam, mais rien de plus. Il sent que je l'évite. Cela fait à peine une petite semaine que je lui ai dit que je travaillais sur un dossier en particulier, sans plus de détails. Mais il est loin d'être bête, et connaît très bien mes domaines d'investigation préférés. Il m'a interrogée sur ce que je viens faire à Amsterdam et surtout sur la suite du programme. «J'ai entendu parler de Turquie. Si tu vas en Syrie, ou même à la frontière, tu me briseras le cœur ! Tu as vu tous ces otages là-bas ? Hein ? Ne me fais pas ça, tu sais que tu ne pourras pas en ressortir.» Il hurlait. Lui, d'une nature si tempérée et calme... Je me tenais près de Charly pendant que son inquiétude explosait à mes oreilles. Je ne sais pas si le grand photographe de guerre entendait notre conversation, mais je ressentais une honte orgueilleuse à me faire disputer devant lui par mon papa parce que j'allais «simplement» au Levant... Depuis mes vingt ans, je m'efforce d'observer la plus grande discrétion vis-à-vis de mes parents sur les problèmes que je peux rencontrer. Je les ménage aussi par rapport à certains des voyages dans lesquels m'entraînent mes reportages, que j'adore, mais eux, un peu moins. Ma mère connaît ma prudence. Mon père, lui, part du principe que, prudence

195

ou non, le danger vient des autres. Pendant de longues minutes, je tente de trouver un alibi, mais je patauge. Je ne vois pas comment lui expliquer sans l'affoler que sa fille, après être devenue Mélodie, puis Umm Saladîne, est promise à un terroriste de l'État islamique, qui plus est bras droit français de l'homme le plus dangereux du monde. Et la Turquie ? me demande-t-il. Il fait semblant de ne pas comprendre que je compte me rendre à la frontière. Je nage complètement. À présent, dans ma chambre d'hôtel, je raccroche après avoir promis à mon père que mardi, je serai de retour en France, et que pour le moment je me trouve simplement en Hollande. Je le rappellerai demain, qu'il ne s'inquiète pas.

Tout est prêt. En attendant le retour de mes compagnons de galère, je consulte mon réel profil Facebook, au nom d'Anna, pour voir si Guitone a répondu à mon dernier message. Oui ! Un souci en moins. Mais en lisant ses quelques mots, je me décompose de plus belle :

« Si tu veux une interview, t'as qu'à aller boire le thé à la menthe avec l'ASL[1]. »

Mais qu'est-ce qui lui prend ? Ou qu'ai-je fait pour déclencher soudainement un tel refus ? Hier encore, il se confondait en messages favorables à l'interview sécurisée, accompagnée de mon photographe, que j'avais sollicitée. Pour parer à un éventuel risque de kidnapping, je lui avais dit que nous préparions un gros

---

1. L'armée syrienne libre, première opposante au régime de Bachar, et l'un des ennemis de Daesh.

article pour lequel nous avions rencontré d'autres branches islamistes en Libye (un autre nid de djihadistes). J'avais pu emmener mon photographe et ils avaient été charmants avec nous. Ils avaient assuré notre sécurité comme des chefs. L'idée était que, sachant cela, Guitone et sa brigade se sentent bien bêtes de nous tendre un piège, craignant s'ils le faisaient de condamner leur image aux yeux d'autres fanatiques. Ce qui serait mauvais pour eux, puisque l'histoire a tendance à rapprocher les «méchants» à la fin. Comme l'État islamique et al-Qaida finiront par comprendre leur intérêt d'unir leurs forces en Syrie...

Je suis larguée. Je n'ai rien avalé depuis la veille, j'ai le tournis. Mes parents, Milan, mes amis, je reçois des textos d'inquiétude et d'encouragement de tous mes proches au courant. Je rougis d'embarras. J'ai chaud. Mais quand j'ouvre les minuscules fenêtres, le tintouin envahit la chambre, puis ma tête. Mes pensées sont de moins en moins claires, tant les hypothèses se télescopent dans mon cerveau prêt à exploser. La mort ne me fait pas peur. Le viol, si. Et selon les nombreux témoignages, c'est un châtiment souvent exercé sur les prisonnières de Daesh. Pourquoi, d'un coup, Guitone, si réjoui de mon arrivée à Kilis, me rembarre, moi, la journaliste dont il a au préalable vérifié l'identité sur Internet, et avec qui il correspond depuis au moins trois mois ? Pourquoi «l'attaché de presse» généralement si «serviable» m'incite-t-il subitement de façon méprisante à interroger l'adversaire ? Que se passe-t-il ? J'espère que ça n'a rien à voir avec Mélodie... Si la brigade française de l'EI a fait le lien entre elle et Anna, tout est fini. Adieu Kilis. Bonjour incertitude et doutes. Je lui envoie un bref message, en me disant en chemin, et à sa disposition pour vingt-quatre heures. Je lui rappelle qu'il m'avait donné sa parole et qu'il avait juré sur Allah. Guitone ne m'a jamais répondu.

J'attends le retour de Charly pour lui annoncer ces dernières nouvelles peu réjouissantes. Et aussi pour qu'il me donne son feu vert pour contacter Bilel. Cette dernière discussion se fera donc dans cette chambre d'hôtel exiguë que j'observe réellement pour la première fois depuis notre arrivée. Le lit, lui, est gigantesque. Il n'y a ni fauteuil ni chaise. Je vais devoir parler à Bilel adossée aux oreillers. La tête de lit, dans les tons d'orange, représente une sorte de rose abstraite. Ça apporte une petite touche coquette, dans le genre oriental. J'ai caché les objets qui pourraient me trahir, au cas où Bilel souhaiterait que Mélodie lui montre la chambre. Charly et Hadrien reviennent, tout transpirants. Sur le superbe endroit qu'ils avaient repéré, et où ils viennent de passer deux bonnes heures à réaliser des tests, un nouveau DJ improvisé, évidemment vêtu d'orange de la tête aux pieds, a échafaudé une sorte d'estrade gigantesque... La poisse. Ils n'ont plus le temps de trouver mieux. L'heure du rendez-vous approche. Et toujours pas de confirmation claire de la part de Lola. Finalement, nous trouvons une solution simple. Dans notre déveine de nous être vu attribuer la plus petite chambre de l'hôtel, qui donne directement sur la rue, la fenêtre est assez bien placée pour que Charly puisse réaliser les clichés d'ici. Il suffira de déplacer Lola de quelques mètres. Ouf ! Hadrien, qui, pour nous aider, s'est mis très en retard vis-à-vis des obligations qui l'attendent au World Press, court prendre une douche. Et, enfin, Charly me donne le feu vert que j'attendais si impatiemment.

Je m'habille en Mélodie, et envoie sur Skype à Bilel mon nouveau numéro local. Charly se marre. Il m'observe, cigarette aux lèvres, en train de m'affairer sur les derniers détails et mes petits rituels, comme vérifier avant de la retirer si ma bague fétiche est bien à mon majeur droit. Il s'obstine à m'appeler Mélodie, alors que maintenant il connaît mon vrai prénom. Il me dit qu'effectivement, je ne suis pas très jolie avec ce voile qui m'écrase le visage. Je subis en souriant ses gentilles moqueries qui désamorcent la pesanteur de la situation, et je pense qu'il le fait précisément pour cela.

Ça y est, Bilel appelle via vidéo sur Skype... L'adrénaline monte d'un cran. Demain, nous ne serons qu'à quelques mètres de la Syrie. Cet appel, que je crois le dernier, catalyse pour moi tout le chemin parcouru jusqu'ici. Enfin, ce travail va aboutir. Ma seule crainte sur le moment : que Charly me prenne pour une folle en assistant à mes échanges avec le terroriste. J'espère qu'il comprendra que dans l'histoire nous sommes deux : la journaliste et la marionnette. Je pousse le bouton vert en me tenant bien droite sur le lit. Bilel ne sait pas par quoi commencer, il a tant de choses à dire à Mélodie.

— Salam aleykoum, mon amour, tu es vraiment à Amsterdam ? Je ne peux pas y croire, bientôt tu seras là, je suis l'homme le plus heureux de la terre. Comme je t'aime ma femme...

Je crois n'avoir jamais vu une expression aussi heureuse sur son visage. Ses yeux brillent d'excitation. Il exulte de joie. Absolument rien ne vient trahir la sincérité de ce sentiment. Bilel est seul dans un cybercafé. Il vient de terminer le « boulot ».

— Oui, bébé, j'y suis, avec Yasmine ! Demain on prend l'avion pour Istanbul. Mais c'est chaud ici, faut pas se faire remarquer... Donne-moi vite les instructions...

Comme à son habitude, Bilel n'écoute Mélodie que d'une oreille, et enchaîne :

— Comment t'es belle ! Vas-y, raconte le voyage ! Et comment t'as fait pour payer les billets ?

— J'ai cramé[1] la carte bleue de ma mère et j'ai acheté nos deux billets en ligne. On a pris nos passeports, et voilà...

Je m'efforce de lui adresser mon plus beau sourire pour être convaincante. Mélodie vient de tout quitter pour le retrouver et l'épouser, il faut que mon attitude soit cohérente.

_____
1. Volé.

— Comment t'es trop forte, ma femme ! Je suis trop fier, vous êtes de vraies lionnes ta copine et toi ! Vas-y, si t'as toujours la carte bleue achète-moi des trucs !

— Tu veux quoi ?

— Bah, tu sais bien, mon amour...

Avec lui, qui saute sans crier gare des récits des têtes qu'il coupe « avec plaisir » à la drague lourde, je ne sais sincèrement pas. Une arme ? Du cash ? Des bonbons ?

— Non...

— Enfin... Du parfum ! Mais du bon, une belle marque, surtout ! Je te laisse choisir...

Je suis consternée. Il se parfume avant de tuer de sang-froid ? En Afghanistan, notamment, on parfume les morts avant de les enterrer dans un linge blanc à même la terre. Bilel a fait ses armes dans ce pays, il y a quelques années...

— Une belle marque... Qu'est-ce que tu aimes ?

— J'adore Égoïste de Chanel, ou un beau parfum Dior. Mais je te laisse choisir... Mashallah.

— Autre chose ?

— Fais-moi la surprise...

— OK, bébé... On peut parler de demain ? Yasmine est un peu en stress, ça la rassurerait qu'on sache comment ça va se passer une fois que la maman vient nous chercher...

— Ah ouais, c'est vrai... Je t'explique, en fait quand vous arrivez à Istanbul, tu rachètes un autre téléphone. Et tu jettes celui d'Amsterdam. Surtout tu paies en liquide, pas avec la carte de ta mère ! Faut pas que les keufs vous retracent...

— OK. Ensuite, la maman nous attendra où ?

— Non, mais en fait y aura personne pour vous... Tu vas acheter deux nouveaux billets pour voler à travers le pays, en voiture c'est trop long.

— Comment ça ? Il n'y aura personne à notre arrivée ? Tu me l'avais promis !

— Non, mais c'est bon, t'es une grande fille, ma femme, nan ? Y a des dizaines d'Européens qui font ça toutes les semaines juste pour espérer intégrer nos rangs ! Allez, ma lionne !

À cet instant, je n'ai pas besoin de beaucoup me forcer pour que l'angoisse transperce dans la voix de Mélodie.

— Mais tu ne m'avais pas du tout dit ça, Bilel... On en a parlé plein de fois... Tu insistais, et moi aussi, pour qu'une femme nous prenne en charge. Tu me parlais de cette maman avec qui nous serions en sécurité. Combien de fois tu m'as dit : « Rien n'est plus important que ta protection. »

Son ton se durcit légèrement.

— Écoute-moi. Tu vas te taire deux minutes et me laisser parler. Tu n'as presque rien à faire. Une fois à l'aéroport d'Istanbul, tu achètes deux billets pour Urfa. Ça ne coûte rien, genre 50 euros chacun. Tu ne prends que des allers. Tu les paies bien en liquide, hein ? Sinon je te les paie, c'est pas un souci. Tu tires tout le cash dont t'as besoin maintenant et après tu jettes la CB et le téléphone hollandais.

Urfa ? Mais c'est du suicide d'aller là-bas ! La ville turque se situe à peu près à la même distance de la Syrie que Kilis. À ce détail près que l'EI la contrôle entièrement ! S'y rendre, c'est être déjà en Syrie...

C'est là, notamment, que Guitone et sa bande dégustent leurs kebabs, kalach à l'épaule, grenades à la ceinture. Le château de cartes s'effondre d'heure en heure. Je panique. Dans tout ça, j'ai oublié les flashes de Charly, qui se déplace tel un chat autour du lit. Je lui lance un rapide un coup d'œil. Il me fait silencieusement comprendre que c'est mal parti. L'inquiétude m'envahit. Pour le bon déroulement du sujet, mais aussi par rapport à Charly, qui semble halluciné devant les propos de Bilel. J'improvise, une boule au ventre. Mélodie dit perdre confiance et raconte que Yasmine pleurniche. Je remets toute la faute sur la mineure apeurée.

— Moi, c'est pas un problème, mais Yasmine est complètement flippée. Elle n'a que quinze ans... Je ne veux pas que ses craintes entravent nos plans. Je t'ai dit que c'était super surveillé, je me suis débrouillée toute seule jusqu'ici, alors que tu m'as toujours proposé ton aide. Là, je te la demande...

Son ton se durcit un peu plus. Sa mine n'est plus du tout joyeuse. C'est à croire qu'il en veut à Mélodie.

— T'as pas fini tes conneries, un peu ? Passe-la-moi, Yasmine, je vais lui parler et tout va s'arranger !

— Non, je m'en occupe, c'est bon. C'est ma copine, laisse-moi m'occuper de la consoler.

— Passe-la-moi, je te dis, Umm Saladîne !

— Je te la passerai... Laisse-moi un peu de temps, là elle pleure devant la porte de la chambre. Je préfère m'entretenir seule avec toi. Je ne te trouve pas correct d'être si dur avec moi. Je ne te demande rien si ce n'est de respecter ce que tu m'as promis pendant près d'un mois. Tu dis que je peux compter sur toi... Mais à ma première difficulté, tu me laisses tomber... Sympa !

— Oh ! Tu vas me parler autrement ! Tu te prends pour qui, c'est pas toi qui donnes les ordres, c'est moi ! T'as compris ? Vas-y, montre-moi ta chambre un peu...

Panique. Comment faire, dans cette chambre minuscule ? Depuis le début de l'échange, qui commence à durer, Charly se déplace le plus discrètement possible. Il réalise ses photos avec son Leica tel un fantôme habitué à l'invisibilité. Nous n'avons pas la possibilité de nous parler. Ni même de nous regarder, dans le contexte tendu du moment. Le voilà qui se met à genoux et se tortille comme il peut, autour du lit, au fur et à mesure que je déplace la webcam. Bilel est nerveux. Il scrute tout dans les moindres détails. Il a l'air de plus en plus en colère. Il me redemande de bien lui montrer la chambre. Puis, d'un air supérieur et menaçant que je ne lui connais pas, il reprend la parole. Mélodie va devoir rattraper la situation à coup de mots doux et d'excuses.

— T'es où exactement ?

— Mais, bébé, je t'ai déjà dit, je suis à Amsterdam, tu as bien vu que je ne te mens pas ! La caméra t'a montré la chambre ! Tu y as vu ma valise ! Tu veux que je te montre la vue dehors ?

Comme d'habitude, le terroriste n'écoute pas Mélodie.

— Passe-moi Yasmine ! Rien à foutre qu'elle chiale !

— Bilel, calme-toi... Tu veux voir mon billet d'avion ?

Je saisis mon billet dans mon passeport, en priant pour qu'il ne demande pas à le voir. Déjà, en ce qui concerne Yasmine, je ne vois pas comment on va s'en sortir... Ça, plus Guitone qui me lâche en plein vol, et toujours pas de nouvelles de Lola... Le sujet prend l'eau. J'ai entraîné Charly et ma rédaction dans ce bateau qui chavire. Ce matin avant d'embarquer, j'ai rapidement montré des vidéos de nos échanges à Charly. Il y a vu un homme amoureux, et donc potentiellement dangereux, vu le contexte. Il trouvait dingue les yeux de biche que Bilel adressait à Mélodie, et son attitude de mauvais dragueur. «Pathétique, il m'avait dit. Et tout cela au nom d'une religion qu'ils salissent...» Voilà que Bilel tombe le masque. Son ton bascule dans l'autoritaire. Il affiche un air mauvais. Il profère des menaces. Pour la première fois, lui qui me «cachait comme son précieux joyau», je distingue autour de lui différentes voix d'hommes, qui eux aussi semblent s'agiter. Je ne l'ai encore jamais vu ainsi. Méfiant. Aux aguets. Bilel est méconnaissable. Son expression, elle, est effrayante.

— Tu vas me la passer, Yasmine, oui ou non? Maintenant tu vas arrêter de me prendre pour un con et tu vas fermer ta gueule. Je fais partie d'une organisation terroriste! Tu sais qui je suis, au moins, pour me parler comme ça? Ici, je commande cent soldats par jour! Je ne t'ai dit volontairement qu'un quart des choses... Je suis fiché internationalement, c'est pour ça que même dans nos villes en Turquie[1], je ne peux

---

1. Celles qui sont aux mains de l'EI.

pas m'y rendre. Y a qu'en Irak où je peux aller. J'ai trente-huit ans, ma petite, c'est pas toi et ta copine qui allez me faire tomber ! Tu ne sais pas qui je suis, méfie-toi.

Il ponctue ses mots d'un rire sadique. Je lui ai tenu tête. J'ai cru bon d'affirmer un peu le caractère de Mélodie en haussant le ton. Bilel n'apprécie pas du tout. De la voix la plus soumise possible, Mélodie répond :

— Je ne me permettrais jamais de me jouer de toi. Je suis triste que tu penses que je suis allée jusqu'à fuguer et me rendre dans un autre pays dans le but de te faire tomber. Je ne sais pas quoi te dire, j'ai envie de pleurer. Je le ferai. Je prendrai les billets jusqu'à Urfa, et je t'écouterai à la lettre, c'est promis.

— Tu me déçois tellement d'être faible... Je croyais avoir choisi une femme plus forte que ça. Passe-moi Yasmine, je ne vais pas la manger.

La nuit est tombée, impossible de trouver dans la minute une adolescente, à qui demander en quelques phrases d'improviser une djihadiste en pleine hésitation. Charly a beau être bel homme, une perruque ne fera pas l'affaire non plus. Je ne ne peux rien faire d'autre que m'efforcer de continuer à calmer Bilel, à excuser Mélodie. Doucement, elle parvient à regagner la confiance de l'assassin.

— T'avais qu'à pas l'emmener, l'autre, si elle est pas capable de prendre deux avions. (*Il soupire.*) Et puis merde, plante-la. Qu'elle rentre chez elle. Je m'en fous d'elle. Vas-y, lâche-la !

— Je n'abandonne pas une sœur. Mais ne t'en fais pas, j'ai bien compris tes instructions. Je vais la rassurer, et demain soir nous serons à Urfa...

— Ah voilà, je te reconnais enfin, ma femme... Bon, je vais te donner la marche à suivre, parce qu'à Urfa tu seras très bien prise en charge, crois-moi. Je te rappelle dans dix minutes, le temps d'organiser ton arrivée.

Vendredi, 21 heures

Je m'empresse de retirer le hijab, et je me lève. Je me mets à tourner en rond dans cette pièce minuscule, les mains sur la tête. Tout s'effondre. J'espère vraiment avoir repris le dessus sur Bilel, sinon notre reportage perd beaucoup de sens. Lola m'a posé un lapin, Guitone me tend un piège et Bilel me fixe rendez-vous dans l'une des villes les plus dangereuses au monde. Charly garde le silence. Par pudeur, je pense. Il attend que je brise le malaise ambiant. Je me retourne vers lui, et lui lance simplement :

— C'est un peu mal barré, là, non ?

Charly hoche la tête. Puis il se lâche, comme s'il n'attendait que ça :

— Mais tu n'es pas devenue schizophrène avec tout ça ? J'en ai vu des trucs dans ma vie, mais *ça*... Je peux te dire que tu fais preuve d'un sacré sang-froid, ma grande. Quel taré, ce Bilel ! Il te parle de parfum et te couvre d'amour, puis te menace si tu ne lâches pas ta copine mineure en chemin !

209

Il y est. Il vient de comprendre le reportage. Charly a vu et entendu bien pire, mais là, il a l'air un peu secoué. Pendant les minutes, qui nous paraissent interminables, où nous attendons que le terroriste rappelle, nous passons en revue tous les scénarios possibles. Déjà, va-t-il rappeler ? Nous dissimulons notre déception, mais nous accusons quand même le coup. Nous sommes tous les deux pigistes, et nous aimerions vraiment rapporter ce que nous avons promis. Depuis ce matin, tous nos plans tombent à l'eau un à un, comme des dominos. Intérieurement, je pense, les voilà, les devenirs aux présages.

Vingt minutes plus tard, la sonnerie Skype se déclenche. Charly et moi commencions à abandonner tout espoir. Nous retenons notre souffle, ne sachant pas si l'appel s'avérera concluant ou signera l'arrêt de tout. Je suis debout, près de la fenêtre, à fumer tout en m'entretenant avec ma rédactrice en chef, à qui le directeur a spécifiquement demandé d'encadrer le sujet ce week-end. Je lui relate la tournure des événements avant de lui raccrocher presque au nez. Je me précipite sur le lit, en manquant de buter contre Charly. Je décroche in extremis. Bilel apparaît sur l'écran. Son expression semble redevenue plus sereine. Il est même souriant. D'ailleurs, il écarquille les yeux en me découvrant. Dans la précipitation, je n'ai pas remis mon voile... Quelle connerie ! Heureusement, la pièce est sombre et je porte une queue-de-cheval. L'air ravi, Bilel demande :

— Tu as retiré ton voile ?

— Oui, trois minutes, le temps d'aller me chercher un Fanta en bas. Je t'ai dit, je suis forte : je ne veux pas attirer l'attention. Je remontais quand tu m'as appelée. J'allais rater ton appel sinon... Attends, je le remets...

Les yeux de Bilel brillent plus que d'habitude. Il coupe aussitôt la parole à Mélodie :

— Non, surtout pas ! S'il n'y a que Yasmine avec toi, ça ne me dérange pas. Mashallah, comme nos enfants vont être beaux avec les parents qu'ils auront... Inch'Allah.

Bilel est si modeste. Tout en lui souriant, j'adresse un regard exaspéré à Charly, qui lève les yeux au ciel.

— Yasmine va mieux, en tout cas. C'est elle qui est descendue maintenant. Mais je l'ai convaincue pour demain. Alors, qu'est-ce qu'on doit faire ?

De courtes mais de très longues minutes défilent avant qu'il ne réponde. Il toise mon visage, et se mordille les lèvres. Il recule un peu son siège comme pour mieux voir sa future femme.

— Faut qu'on parle de notre nuit de noces, aussi...

— Quand on sera tous les deux... C'est trop personnel...

— D'accord... Mais j'espère que pour ce jour magique, tu m'as préparé de jolies petites tenues... Tu te rappelles, je t'avais expliqué qu'avec ton mari, tu pouvais tout te permettre...

— On verra... Ça me gêne, Bilel...

— Je comprends... Demain soir on sera ensemble de toute façon... Moins de vingt-quatre heures nous séparent, mon amour...

— Justement... Je dois faire quoi, pendant ces heures qui vont me paraître longues ?

— On a un souci aujourd'hui, là ou je me trouve, les réseaux téléphoniques sont mauvais. Alors, d'abord tu vas appeler avec ton nouveau téléphone le numéro que je vais te donner. Tu dois te présenter comme la femme d'Abou Bilel al-Firansi, et lui dire que tu appelles de la part d'Abou Omar Tounsi de Syrie. Ensuite, tu lui communiqueras le numéro de ton vol et l'heure d'arrivée à l'aéroport d'Urfa.

— D'accord. À qui je m'adresse?

— T'occupes! Tiens, le numéro, appelle devant moi.

Il me dicte les huit chiffres syriens à composer du téléphone local, pendant qu'il m'observe et m'entend via Skype. J'appelle. Un homme qui s'exprime en français me demande qui est à l'appareil. Mélodie répète à la lettre ce que Bilel lui a soufflé. L'homme au bout du fil me confirme que demain nous devrons prendre un vol intérieur ralliant Istanbul à Urfa, car en ce moment «les routes, c'est trop surveillé, surtout avec une mineure». Mélodie acquiesce. Il l'interroge pour savoir si elle a besoin d'argent pour les billets. Elle répond que c'est bon, elle a ce qu'il faut. Il lui dit, très gentiment, qu'elle et son amie n'hésitent pas à l'appeler «à n'importe quel moment du jour ou de la nuit à partir de maintenant et jusqu'à l'arrivée à la frontière». Mélodie le remercie, et raccroche. Elle se tourne vers l'écran de l'ordinateur. Bilel reprend tout de suite la parole :

— T'as bien raccroché?

— Oui, Bilel.

— OK. Bravo, c'est bien. Tu suis bien mes instructions. Mashallah. Il faudra que tu le rappelles pour lui communiquer le numéro de ton vol et l'heure d'arrivée à l'aéroport d'Urfa. Maintenant tu vas appeler un autre numéro. C'est le gars en charge de la sécurité des sœurs à la frontière. Tu lui dis que tu es ma femme, et tu seras traitée comme une reine.

— Tu ne seras pas là ?

— Non, je ne peux pas aller en Turquie, je te l'ai dit... Mais je ne serai qu'à quelques mètres, ne t'en fais pas, ma femme, et après je ne te lâche plus.

Trop chouette ! je pense. Au même instant, je me rends compte que, bien que j'aie acheté le téléphone hollandais avec le forfait prépayé maximum pour les appels à l'étranger, je n'ai presque plus d'unités. Je n'ai bien évidemment pas jeté l'ancien portable de Mélodie, mais lui aussi rendra vite l'âme. Un téléphone à carte française qui appelle la Syrie depuis les Pays-Bas, ça ne tiendra pas longtemps.

— OK, alors dis-moi ce que je dois faire maintenant.

Bilel me communique un autre numéro syrien. Pas de réponse. Pas grave, le mercenaire a la solution. Il y a quelqu'un d'autre à joindre qui répondra à coup sûr. Seulement, il ne parle qu'arabe. Bilel demande à Mélodie si elle peut tenir la conversation... Elle répond qu'elle peut baragouiner une conversation simple, mais là, cela relève d'une mission ardue. Ce n'est toujours pas grave : Mélodie va composer ce numéro et mettre l'ampli du téléphone. Elle laissera Skype branché, et Bilel parlera directement en arabe à voix haute à son interlocuteur. Il y a encore une heure, il assenait à Mélodie de «fermer sa gueule» et la menaçait. Et maintenant il lui livre comme si de rien n'était des informations non seulement précieuses, mais aussi judiciaires... Des indications qui pourraient porter préjudice à sa branche.

Après avoir été lobotomisée, jusqu'à être rebaptisée, Mélodie devient un instrument de liaison depuis sa chambre d'hôtel à Amsterdam. Ce que je vis n'a rien de comparable avec une personne qui voit la guerre en face, bien sûr. Mais la situation est tout de même vertigineuse. Pas le choix, Mélodie s'exécute. Seulement le coup de fil n'aboutit pas, faute d'unités suffisantes. Il est tard à présent. Les magasins sont fermés. Même avec la meilleure volonté du monde, impossible de trouver un téléphone qui ne mette personne en danger. Il n'y a que le mien, qui me sert à enregistrer nos échanges depuis le début... Mais si l'histoire tourne au vinaigre, cela m'expose davantage. Bien que je sois sur liste rouge, il est d'une facilité enfantine, quand on a les bons contacts, de « craquer » un numéro et de remonter jusqu'à son propriétaire. Et l'EI recèle de très bons contacts... Dans des circonstances normales, j'aurais mis un point final à l'histoire à cet instant. Je suis plus sécurité que tête brûlée. Seulement, je suis à deux doigts de conclure. Pour cela, il ne me manque qu'un appareil. Qui se trouve être à portée de main... Tant pis. Je supprimerai ce numéro que j'ai depuis mes seize ans à mon retour en France. J'ouvrirai une ligne chez un opérateur concurrent. Ma journée a connu trop d'échecs... J'attrape donc mon propre téléphone et je mets les deux hommes en connexion. Leur conversation dure environ trois minutes. Bien que Bilel garde toujours un œil sur Mélodie, Charly et moi pouvons enfin nous regarder. Sans parler, il me demande si je vais bien. Je lui fais signe que oui. Plus tard, une amie du journal qui parle couramment arabe me décryptera l'entretien. Elle y captera entre autres que Bilel mentionnait avec insistance que j'étais une sœur en possession d'un passeport français. Leur discussion terminée, Bilel se veut «tout à sa femme». Hadrien frappe à la porte à cet instant. Le pauvre n'a pas arrêté depuis ce matin, il est bientôt 22 heures, il aimerait pouvoir se poser une demi-heure. Charly va lui ouvrir la porte le plus silencieusement possible, et lui fait comprendre de n'émettre aucun bruit. Un de plus qui me découvre en Mélodie... Hadrien a déjà vu plusieurs photos de moi dans mon déguisement, mais tout comme pour Lou en Tunisie, entendre et voir, ce n'est pas la même chose... J'ai entre-temps pu remettre le voile. Hadrien a cette qualité de caméléon qui le caractérise si bien. Il s'adosse au mur, ne me regarde pas et allume une cigarette. Tant mieux s'il ne prête pas trop attention à Mélodie. Il débarque sans savoir tout ce qui a précédé, notamment la colère noire de Bilel. Quelques jours plus tard, il me confiera qu'il ne m'a pas regardée parce que ça le gênait. Il voyait soudain toutes ses craintes à mon égard concentrées dans cet instant où j'étais une autre.

Le belligérant a obtenu ce qu'il voulait, il est de nouveau détendu. Il redouble de mots doux, et ne tarit pas sur son impatience d'être à demain. Surtout il faut bien que sa femme l'appelle quand elle atterrira à Istanbul. Il assure sa sécurité, tout de même. Je n'en peux plus ; il me tarde de raccrocher. On étouffe tous les trois dans cette chambre de moins de dix mètres carrés, où il n'y a pas une bouteille d'eau. On ne peut toujours pas ouvrir la fenêtre à cause du bruit.

Mélodie va mettre un terme à la conversation ; mais Bilel poursuit :

— T'as pas oublié ce que je t'avais demandé ? Tu sais, les caleçons en coton, parce qu'ici tout ce qu'on trouve ça gratte.

J'avais complètement oublié. Ce genre de demande correspond aux choses futiles qui m'exaspéraient. Je n'y prêtais plus attention.

— Oui, oui, bien sûr !

— Taille large, t'as pris, hein, mon amour ?

— Oui...

— OK, tu as aussi les chèches pour le kadi qui va nous marier ?

— Oui, Bilel, je les ai aussi...

— OK, bon, bah crame bien la carte de ta mère, et oublie pas de tirer du cash... Et rapporte-moi des surprises ! J'y crois pas, demain, enfin, tu seras là...

— Eh oui...

— Tu seras discrète, hein ? Une lionne !

— Oui...

— T'es contente ?

— Bien sûr !

— T'as peur ?

— Tu m'as dit que je ne devais pas, alors non.

— Mais de notre nuit de noces, tu en as peur ?

— On en parlera demain...

— Oh que oui... Tu laisses tout derrière toi, à part quelques vêtements et des trucs intimes de fille. Le reste on te le trouvera sur place. Sauf les dessous, alors penses-y...

— OK. Même mon ordinateur ? Je l'ai piqué à ma mère.

— Oui, même !

Puis il se ravise :

— C'est quoi comme ordi ?

— Un Mac. Assez neuf.

— Prends-le alors ! Mais juste efface tout de ton ancienne vie avant demain matin ! Et ne craquez pas ! N'envoyez rien à personne ! Umm Saladîne, plus rien ne sous sépare maintenant... Alors fais bien attention à Yasmine.

— D'accord. À demain, Bilel.

— Je suis le plus heureux des hommes... Tu es mienne à présent.

Mélodie lui sourit. Je pense que c'est son sourire le moins convaincant depuis le début. Je suis à bout de forces. À bout de ce fou, de ce mois, de cette journée. Enfin, elle raccroche. Je pousse le plus long soupir de toute ma vie. Plus que jamais je marche sur un fil. J'ai tout à fait conscience de ne pas être devenue Mélodie, mais je me suis mise dans la peau d'un funambule phobique du vide.

Vendredi, 22 heures

Charly, comme moi, chavire un peu. Hadrien nous entraîne au restaurant. Je n'ai que quelques minutes pour reprendre mes esprits mais aussi mon identité. Je vais me changer et je lâche mes cheveux. Nous dînons rapidement. L'endroit qu'a déniché Hadrien, en bordure d'un canal, est plutôt charmant. Et enfin, je me sens respirer.

En face de moi, mon ami, à côté Charly que je ne connaissais pas la veille encore, mais pour lequel j'ai eu un véritable coup de cœur amical. La confiance me regagne doucement. L'appétit, lui, ne vient pas. Bilel ne m'a pas démasquée, mais tout est tombé à l'eau. Nous ne savons toujours pas si nous partirons pour Kilis demain. Au fond de moi, j'ai déjà compris que non... En chemin, j'ai rendu compte à la rédactrice en chef de la situation. D'une voix contrariée, je la lui ai décrite comme désespérée, ce qui est rageusement le cas : nous avons le choix entre nous envoler pour la ville d'Urfa, ce qui est hors de question pour

218

notre binôme comme pour la rédaction, et nous rendre à Kilis, où Guitone se trouve, et n'a pas l'air de me vouloir du bien. En gros, c'est soit être kidnappés à Urfa, soit une chance sur trois de l'être à Kilis... La rédactrice en chef m'a très gentiment répondu que nous n'allons pas prendre un risque aussi gros, en cette période compliquée, pour que je puisse raconter la vie à Kilis dans mon papier, mais que le sujet demeure malgré tout largement abouti. Nous devons faire le point demain matin. Elle m'a rappelé, en gage de prudence, qu'Édouard Elias et Didier François, deux journalistes missionnés par Europe 1, viennent tout juste d'être libérés par Daesh après dix mois de captivité... En dehors de l'amer goût d'échec qui m'envahit, j'ai de la peine pour Mélodie. Je lui devais une sortie digne. Mes deux camarades essaient de me faire penser à autre chose. La discussion à table se prête aux confidences. Nous avons tous les trois besoin de relâcher un peu la pression, et Charly nous livre quelques-uns de ses souvenirs. Certains sont à pleurer de rire, d'autres à pleurer tout court. Je ne prends pas beaucoup la parole, mais je bois un peu de vin. Sauf que je ne supporte pas l'alcool. Trois verres, et je me transforme en la caricature de la copine qui fout la honte à ses amis... Complètement désinhibée, je parle fort, je m'affiche et quelquefois j'affiche même les autres. Bref, dans cet état, je suis un boulet. Je ne bois que rarement, car je sais l'effet que l'alcool a sur moi. Seulement, ce soir, je n'entrevois plus la notion de limite, ou de n'importe quelle autre frontière. Je n'arrive pas à me sortir de la tête le voyage incertain du lendemain. Le temps est compté.

Nous sommes vendredi. Je dois boucler lundi. Avec tout le travail d'écriture qui m'attend, un mois à résumer en un unique papier... Je stresse. Je bois. Je perds pied. Hadrien s'en rend compte. Il insiste pour que je passe, ne serait-ce qu'une heure, à la soirée de gala du World Press, où j'avais décidé de ne pas me rendre, afin de me changer un peu les idées avant d'aller dormir. Je n'aime pas mélanger plaisir et travail. Je suis perturbée, la tête me tourne et j'ai à peine mangé. Le bordeaux décide pour moi. En un coup de baguette magique, me voici au milieu de deux cents invités euphoriques en train de faire la fête. Je retrouve des personnes que je connais bien, et je me détends au fur et à mesure des danses et des verres. J'ai déjà des moments de «flou», mais j'ai le réflexe de regarder l'heure. 2 heures. Il faut que je rentre. Je préviens uniquement mon équipe que je pars. «On te retrouve au vestiaire», me disent-ils.

À partir de là, ma mémoire est plus que trouble... Je ne sais pas vraiment ce que j'ai fait pour énerver le vigile de la soirée, mais quelques souvenirs me reviennent quand je me retrouve coincée dans ses bras parce que, apparemment en réponse à ses coups, j'essaie de frapper ce géant de deux fois ma taille en longueur comme en largeur... Hadrien, Charly, mes amis, tout le monde crie. Le gorille me flanque une gifle. Là, tout ce dont je me rappelle, c'est la fureur qui m'envahit. Je vise son entrejambe avec mon pied. Hadrien me retient de toutes ses forces pour m'empêcher de me débattre. Je crois qu'il me susurre : «Arrête, c'est le stress qui parle... Rentre avec nous, ça va aller...» Puis tout un tas de personnes arrive, dont le patron du prix. On s'excuse auprès de moi, mais je crois que j'ai aussi abusé. Je cherche Hadrien. Je ne le vois pas. Charly m'entraîne dans un taxi. Le trajet me semble interminable. Je ne sais toujours pas où est Hadrien. Je ne me souviens pas si je le demande à Charly.

Samedi matin

Je ne me souviens que de mon réveil, dans un sale état. Trop d'alcool et de réminiscences nébuleuses... Petit à petit me reviennent des flashes de la fin de soirée. Puis je revis les discussions de la veille avec Bilel. En plus de la tête, j'ai mal aux bras, mais surtout à l'épaule. Il est 9 heures. J'appelle Charly. Il me dit qu'il vient de raccompagner Hadrien à l'aéroport. Je prends une douche et je le retrouve au pied de l'hôtel. Nous marchons un moment, la mine froissée, jusqu'à trouver un café un peu plus au calme que les autres, qui diffusent toujours la même musique assourdissante que la veille. Avant de reparler de la soirée, nous appelons la rédactrice en chef. Elle a tenu au courant le directeur du journal, ainsi que le sous-directeur. Tous trois sont unanimes : nous rentrons en France. Et bam ! Une gifle de plus. Elle m'explique que nous avons suffisamment d'éléments, que l'enquête est incroyable, et que le reste n'était qu'un « plus » dont nous pouvons nous passer. Je sais qu'elle est contente de nous. Mais je sais aussi qu'elle nous rassure, ayant été elle-même très longtemps habituée du terrain, et donc de ce que nous pouvons ressentir en ce moment... J'envoie un bref texto à mes parents pour leur dire de ne pas s'inquiéter, je dormirai à Paris ce soir. Je culpabilise un peu pour tout le monde, à commencer par Charly. Lui qui se réjouissait de ces quelques jours de travail, il a l'impression de n'avoir rien fichu. J'ai beau lui dire que c'est ma faute, et un concours de circonstances malheureuses : Guitone, Lola, les mensonges de Bilel... Rien n'y fait, il est déçu de lui. Et je le suis de moi. Nous voilà bien avancés. Je peste intérieurement contre Hadrien en me demandant pourquoi il m'a lâchée hier soir, lui dont la qualité première est la fidélité. Timidement, je demande de ses nouvelles à Charly. Il me répond qu'il a un peu mal, et s'inquiète pour nous. Il a mal ? De quoi ?

— Tu ne te souviens pas qu'hier, quand tu as tenté de frapper le vigile fou de rage, Hadrien, pour te protéger, s'est mis entre vous deux. Et... c'est lui qui a pris le coup...

Alors là, Charly m'achève. Je tente de garder mon sang-froid, mais des larmes de honte me montent aux yeux. J'aimerais disparaître. Être une toute petite souris, sans prénom, inconnue de tous.

Nous annulons une énième fois nos billets. Au téléphone, la jeune femme de l'agence qui gère nos déplacements s'arrache les cheveux. Je n'ai pas cessé de modifier nos réservations, au gré des rebondissements, changeant d'escale, revenant en arrière... Et maintenant je lui demande poliment de tout annuler et de nous booker deux places sur le prochain avion pour Orly. Soit quarante-cinq minutes de vol, au lieu des cinq heures que nous aurions dû effectuer aujourd'hui ! Sur le chemin de l'aéroport, nous recevons des textos de félicitations et de réconfort de certains de nos supérieurs. Nous avons tous les deux l'impression de ne rien rapporter, de n'être que des arnaqueurs. Parallèlement, Hadrien m'envoie un message très touchant en atterrissant à Paris. Il ne sait pas encore que nous aussi nous apprêtons à rentrer en France. Il ne fait absolument pas allusion à la veille au soir. Il m'écrit simplement qu'hier, quand il m'a vue portant l'attirail de Mélodie, il a réalisé que je partais pour la frontière, et il ne veut pas que l'on se quitte sur un mauvais souvenir. Notre amitié est trop précieuse pour cela. Et la vie davantage encore.

Nous patientons un long moment avant d'embarquer. Charly regarde sur mon ordinateur des vidéos de combattants francophones de l'EI. Il sait parfaitement ce qui se passe en Syrie, entre autres. Mais il découvre cet aspect de propagande numérique qui a donné naissance au reportage. Il est stupéfait. Comme moi au début, il oscille entre fou rire et consternation. Je vais fumer pendant ce temps : je connais ces vidéos par cœur. Depuis l'«espace tabac», j'appelle mon père. Maintenant que tout est fini, je lui dois bien quelques explications. Brièvement, je lui raconte le mois écoulé. Toutes les deux phrases, il me coupe la parole. Toujours pour dire la même chose, d'une voix calme quoique effrayée : «Mais, Anna, tu es folle !» Je conclus en lui expliquant que maintenant tout est terminé. Il me répond que bientôt le jeune couple royal anglais va faire baptiser Baby George. Peut-être que je pourrais couvrir quelque chose comme ça, non ? Il plaisante, et c'est bon de l'entendre rire.

Je retrouve Charly, nous montons dans l'avion. Il m'appelle Anna. Ça sonne le glas du reportage. Nous reprenons les confidences de la veille au soir à table, puis Charly s'assoupit d'un œil. La tête contre le hublot, je me perds encore dans les nuages. Sans musique cette fois. Rien ne m'inspire. Je pense à l'écriture qui m'attend, à la masse d'informations que je vais devoir condenser en dix feuillets, et en vingt-quatre heures. Puis à la fin de soirée d'hier. Pour une fille qui ne s'est jamais bagarrée de sa vie, je voulais sacrément en découdre... Comme si le vigile avait catalysé dans mon inconscient tout ce qui s'empêche de sortir de moi : Bilel, mes mauvais présages, l'échec, mon double numérique refoulé. Je ne sais pas. Mais, à cet instant, je suis forcée d'admettre que je suis réellement devenue schizophrène.

Paris, dimanche après-midi

Il doit être 15 heures, je cours contre la montre pour terminer mon papier. L'enquête est parfois si complexe à expliquer qu'il est difficile de la condenser dans le calibrage qui m'est imparti. Tout irait bien si le bouclage était comme prévu demain. Mais, pour cause de jour férié, il a été avancé à aujourd'hui. J'envoie ce qui est déjà écrit sans vraiment me relire au rédacteur en charge des papiers. Nos rapports peuvent être qualifiés de «chien et chat»... Parfois, il est le premier à monter au créneau pour défendre une de mes enquêtes, peu importe le sujet. À d'autres moments, il me répond d'un ton laconique par écrit, puis descend mon travail en réunion. Je l'ai souvent détesté les jours de bouclage. Mais j'ai énormément appris de cet homme érudit. Comme chaque fois, maintenant que je lui ai transmis mon papier par mail, j'aimerais me cacher sous ma couette telle une petite fille qui sait que ses parents viennent de recevoir son bulletin scolaire... Courageuse, la reporter. Mais ce jour-là, le supérieur ne me répond pas par mail, il m'appelle. Ce qui est plutôt bon signe, en général. Cela signifie qu'il n'est pas mécontent et, toujours avec des mots posés et parfaitement choisis, il félicite à sa façon le travail accompli. Là, je le sens plus excité que d'ordinaire quand il est satisfait. Il m'encourage à continuer d'écrire, et tant pis si c'est trop long : cette investigation mérite d'être publiée et « le diable se cache dans les détails ». C'est le cas de le dire. La mentalité de Bilel le sidère, mais le cran de Mélodie aussi. Il me conseille simplement d'accentuer un peu, pour le lecteur, l'intensité avec laquelle je suis entrée dans mon personnage et de mettre ma pudeur de côté tout en gardant le ton neutre que se doit d'adopter un journaliste. Je suis encore très à chaud, j'ai écrit quasiment sans interruption de mon retour d'Amsterdam jusqu'à présent. Il le sait. Il ressent le recul qui me manque. Il est pédagogue et encourageant. Le timing est serré, mais tout est là ; je n'ai qu'à le raconter simplement. Je reprends confiance en moi, et je poursuis mon récit écrit à la première personne. Ma rédactrice en chef, puis le directeur adjoint, et même l'avocate du journal m'envoient des textos. Le chef du rewriting les a peut-être prévenus. Ont-ils seulement eu le temps de lire ce qu'il vient de recevoir ? D'après eux, j'ai « une bombe entre les mains », et il faut en parler avant de la publier. Je ne suis pas certaine de savoir comment interpréter leurs messages. Alors, ni une ni deux, moi qui ne suis pas du genre à beaucoup « l'ouvrir », je pars à la rédaction, mon ordinateur et mes enregistrements sous le bras. Je milite. Je passe de bureau en bureau en donnant la version inachevée de mon papier à chaque supérieur qui pourrait être concerné. Je n'avais encore jamais eu l'aplomb de faire cela. Je pénètre même dans le bureau du directeur... J'ai prévu de lui dire très vite quelques mots méticuleusement répétés dans le métro, du genre : «Je sais que tu es très occupé, et que c'est le bouclage, mais s'il te plaît, prends juste dix minutes pour lire le début de mon enquête.» Mais, en me voyant, il devine immédiatement que je viens argumenter et ne me laisse pas le temps d'ouvrir la bouche.

— C'est pour ton enquête que tu viens me voir? me demande-t-il d'un ton pressé.

Je réponds timidement que oui, et je dépose les quelques feuillets imprimés. Puis je repars dans mon bureau, plutôt déconfite. La rédactrice en chef, qui a tout suivi depuis le début, vient me voir. Elle a lu le papier. Elle le trouve très bon. Elle est désolée pour moi, mais elle ne pensait pas qu'il y avait tant de choses à passer en revue, du moins pour le service juridique. Elle-même, qui avait très bien saisi le sujet, se rend compte après lecture combien j'y ai engagé de moi-même. C'est au tour du directeur adjoint de pénétrer dans le bureau, dont il referme soigneusement la porte. Il connaît parfaitement toutes les questions que j'aborde dans mon sujet, bien mieux que moi. S'il loue mon enquête, le problème n'est pas là. Il ne savait pas que Bilel était un aussi gros poisson, notamment en raison de ses liens étroits avec le leader de Daesh, al-Baghdadi. Il n'y a pas que les menaces personnelles d'un homme abusé à prendre en compte. Bilel m'a dévoilé de nombreuses infos sur des lieux géographiques, sur des actions stratégiques.

Les menaces risquent de tomber, il faut être extrêmement vigilant... Trop de questions suffisamment graves demeurent en suspens, à quelques heures de transmettre les pages à l'imprimeur. Le temps de réfléchir, nous reportons la parution d'une semaine.

De retour à la maison, je suis partagée. Soulagée de disposer d'un délai supplémentaire pour peaufiner l'écriture, mais contrariée de ne pas avoir enfin « bouclé la boucle ». D'ailleurs, qu'en est-il de Bilel ? À trop écrire et débattre sur lui, j'ai fini par l'oublier ! Cela fait vingt-quatre heures que je n'ai pas consulté les comptes de Mélodie, et les différents portables rechargeables sont volontairement éteints depuis notre départ d'Amsterdam. Mélodie lui a simplement envoyé un message via Skype depuis l'aéroport, pour l'informer qu'un homme « bizarre » les avait questionnées... Yasmine et Mélodie se sont senties observées, et elles ont préféré faire demi-tour, avant de mieux revenir. D'ailleurs, ce sera sans Yasmine, que sa famille ne cesse d'appeler. C'est un boulet dans le périple. Bilel avait raison. Mélodie reviendra seule. Mais pour le moment, elle ne souhaite mettre en danger ni son homme ni sa brigade. Elle va d'abord se faire oublier un temps à Toulouse. Ça vaut mieux, dans l'intérêt de tout le monde... Je rebranche tous mes supports pour voir comment Bilel a réagi. Sur le téléphone portable hollandais, une véritable avalanche de messages se bousculent. Ils proviennent de différents hommes que je ne connais pas, excepté Abou Omar Tounsi, l'homme « en charge de la sécurité des sœurs à la frontière ». Tout le monde demande où est Umm

Saladîne... Y compris son mari. Dont le ton ressemble fortement à celui employé dans ses moments de colère à Amsterdam... Une phrase parmi d'autres : « Tu es où, petite connasse ? Comment tu vas payer sur la tête d'Allah ! » Je débranche les téléphones. J'ai décidé que l'histoire s'arrêtait. Elle le doit. À trop rendre Mélodie effacée, c'est mon caractère qui s'est éclipsé. Bilel veut menacer Mélodie ? C'est avec les mots d'Anna qu'elle va répondre désormais. Avant de la faire disparaître, je vérifie tout une dernière fois. Sur Skype, les messages[1] de Bilel répètent à l'infini la même litanie, de plus en plus furieuse :

« T'es où ? »

« T'es où ?? »

« T'es où ??? »

« T'es où ???? »

« T'es où ????? »

« T'es où ?????? »

« T'es où ? ????????? »

« Oh !!!!! T'es où, putain ?????????????? »

Je mesure sa colère au nombre croissant de points d'interrogation. Sur Facebook, Mélodie a reçu un unique message, mais au moins, il a le mérite d'être sans détour, pour une fois :

« TU ES OÙ, BORDEL ? Je t'avais pourtant bien dit de désactiver ton compte... Maintenant assume toute seule tes conneries. Tu m'as trop déçu, tu n'as rien d'une lionne. »

---

1. Lorsque l'interlocuteur n'est pas en ligne, on peut lui laisser des messages écrits, ce qu'a fait Bilel ici.

Tant mieux. Je préfère le savoir en colère de cette façon envers Mélodie. Si elle a vraiment trop abusé de sa patience, il lâchera l'affaire. Je m'empresse de désactiver l'existence virtuelle de feu mon avatar. Je garde seulement accessible son profil Skype. Sur lequel Mélodie envoie un dernier mot, pour que sa soudaine éclipse ne la trahisse pas. Elle s'excuse, mais tout est très «chaud» pour elle depuis son retour en France. Se rendant compte de sa disparition, sa mère a prévenu la police. L'ex-apprentie djihadiste a du mal à justifier concrètement son absence. Son ordinateur lui a été confisqué. Son téléphone français aussi et, comme Bilel l'avait exigé, elle s'est débarrassée du nouveau, acheté à Amsterdam. De toute façon, il vaut mieux couper tout lien pour le moment : le couvercle de la marmite pourrait exploser pour n'importe qui, n'importe quand. Elle s'excuse encore. Ainsi que des nouvelles qu'elle ne sera plus du tout en mesure de lui donner... Pour derniers mots, elle lui écrit :

Excuse-moi, Bilel. Je n'ai jamais voulu te décevoir, et j'ai cru bien faire de revenir en arrière, sentant un danger trop grand pour nous comme pour toi. J'espère que dès que je disposerai à nouveau d'un téléphone ou d'un ordinateur sécurisé, tu voudras bien me parler. Je t'embrasse. Mélodie.

Bien entendu, je ne compte pas une seconde reprendre le contact avec ce fou dangereux. Mais je veux m'assurer qu'il croit aux bonnes intentions de Mélodie, afin que sa colère s'arrête là. Plus elle se montre désolée et compatissante, et plus, je l'espère,

Bilel passera à autre chose. Après tout, il a tout de même autrement plus urgent à gérer que Mélodie, vingt ans, «une parmi d'autres». L'EI est en train de préparer son assaut en Irak. Dans deux mois, presque jour pour jour, Daesh s'emparera de Mossoul, la deuxième ville du pays, avant de se diriger vers Bagdad. Ce qui éveillera les consciences internationales sur le spectre diabolique de l'intégrisme radical qu'incarne cette organisation. Ce n'est pas commun, comme «objectif de fin d'année». Alors, Mélodie, il devrait vite l'oublier.

Eh bien, il faut croire que non.

Deux jours plus tard, à la rédaction

La pression est redescendue, mais le fil est toujours tendu. Je n'ai aucune idée de ce qu'il en est de la colère de Bilel, mais Mélodie n'existe plus. Anna, la journaliste, va boucler son papier. Hier, j'ai accusé le coup de ce mois passé. Je me suis reposée aussi. J'ai les idées plus claires aujourd'hui, et il me tarde de mettre le point final à toute cette histoire. La toute dernière ligne droite est en général la plus pénible. Ensuite, ce sera au journal de décider des mesures à prendre. Je suis en train d'écrire dans un bureau, entourée de mes collègues et amies, quand un numéro français commençant par 06 m'appelle. Je décroche. C'est Bilel. Je bondis de mon siège et m'éloigne dans le couloir. Comment peut-il me joindre d'un numéro français sans indication de localisation à l'étranger ? Et sur mon propre téléphone ? C'est vrai que j'ai sacrifié mon numéro, faute de solution, à Amsterdam... Il a suffi d'un faux pas, et ma couverture est peut-être tombée. Enfin, c'est ce que je crois. Je distingue mal ce que le terroriste me dit. La communication grésille. Un peu comme lorsqu'il avait demandé à Mélodie de mettre l'amplificateur sur Skype et sur son portable pour s'entretenir avec son contact qui ne parlait qu'arabe... Je comprends que rien ne sert de paniquer : Bilel ne peut pas être revenu en France en quarante-huit heures pour se venger. Alors je reprends mon rôle de Mélodie, tout juste abandonné. Je ne suis plus à ça près dans l'improvisation. Bilel me redemande où je me trouve et « ce que j'ai foutu ». Mélodie lui répète à peu près la même chose que dans son message d'« adieu ». Elle ajoute cependant ce détail non sans importance : sa mère a découvert des messages que les amoureux s'adressaient et les a communiqués « aux keufs ». Donc, surtout, il ne faut plus jamais qu'il se serve de ce numéro, même en cas d'urgence. Plus jamais. Elle va s'en débarrasser sous peu. Mais le terroriste, fier comme un coq, prend tout de travers :

— Ah ! Tu me menaces maintenant, ma petite ? Je suis mort de rire, c'est l'hôpital qui se fout de la charité !

Mais pas du tout ! répond Mélodie. Au contraire ! C'est pour le protéger qu'elle lui raconte tout cela... La conversation s'arrête net. Je me revois encore dans le bureau de Marie, où je m'étais cachée, le téléphone à la main, les yeux écarquillés. Je pars aussitôt voir le chef qui s'occupe étroitement de moi depuis le début. En plus d'être celui qui me donne les ordres, il a été mon garde-fou et quelquefois mon confident sur cette enquête disons atypique. Il relève immédiatement le numéro de téléphone et me demande quelques minutes avant de retrouver à qui il appartient. Il m'ordonne de rester dans les parages. Je retourne à mon ordinateur d'un pas décidé pour reconnecter le Skype de Mélodie. Le temps de brouiller l'adresse IP, je veux voir si Bilel y a proféré une menace. Il n'y en a pas une, mais plusieurs :

« Dis-moi, tu t'es prise pour qui, petite connasse ? »

« Tu as sous-estimé qui tu as en face de toi... Une organisation terroriste ! »

« Les gens à qui tu as parlé ce week-end ont quinze ans d'expérience en contre-espionnage. C'est une question de minutes avant de te retrouver... »

« T'as voulu me faire passer pour un con, maintenant tu vas payer. MDR. »

Cette fois, ça y est, le couperet plane au-dessus de ma tête. La menace, bien que suspendue, devient plus concrète. Je ne réponds évidemment pas. Je déconnecte à nouveau Skype. Comme promis, mon supérieur revient. Il me prend à part, nous sortons du bureau. Le numéro français appartient à un certain Hamza[1], domicilié à Albertville en Savoie. Pendant un instant nous nous regardons, nous doutant qu'il existe une explication logique, mais nos mines sont, malgré nous, tendues. Nous retrouvons la rédactrice en chef. Nous nous enfermons tous les trois dans son bureau. Après discussion, elle décide de se faire passer pour la mère de Mélodie et d'appeler le numéro. Ce dernier ne répond étrangement plus... Sur les Pages blanches, une ligne fixe renvoie à celle du portable. La chef compose le numéro. Au bout du fil, un

_____

1. Le prénom a été modifié.

homme d'un certain âge décroche et se présente comme étant le père d'Hamza. Ma supérieure lui explique qu'elle est embêtée que son fils appelle ainsi sa fille d'à peine vingt ans. L'homme ne réagit pas. Mais dès qu'elle prononce le mot « Syrie », il panique et bredouille : « Mon fils est majeur. Il fait ce qu'il veut ! » D'ailleurs, il ne l'a pas vu depuis plusieurs semaines, il ne sait pas où il se trouve. La mère de Mélodie s'étonne que le patriarche ne semble pas plus inquiet. Mais il abrège la conversation, comme pris de panique.

Si l'article s'achève, la cavalcade démarre pour moi. Voilà que l'histoire que l'on croyait finie ne fait que commencer...

Le même jour, dans la soirée

Je me retrouve toute penaude chez moi. Immobile, je regarde mon canapé noir que je ne reconnais plus. Je le hais. La sonnerie de mon téléphone me tire de mon hébétude. Encore un numéro français, que je ne connais pas. Je demande qui est à l'appareil. Une voix d'homme, assez juvénile, me répond poliment qu'il est le frère de... Hamza. Mais quoi *encore* ? j'ai envie de lui hurler. Je ne veux pas ressusciter Mélodie, et je ne peux pas dire que je suis journaliste. Il me semble plus jeune que moi, alors cette fois, je me vieillis :

— Et moi je suis la mère de Mélodie !

Silence. Je poursuis.

— Il veut quoi, votre frère, à ma fille ?

— Madame, je vous le jure, je ne sais pas. Justement, mon frère a disparu depuis quelques semaines. Je n'ai aucune nouvelle...

— Et vous pensez que moi j'en ai ? Vous allez lâcher ce numéro, ma fille et moi !

— Je ne comprends pas qu'il n'appelle personne, mais votre fille... Si vous pouviez m'en dire plus...

Le frère aîné semble réellement désemparé. Sa voix chevrote, ses mots s'entrechoquent. Je m'aperçois qu'il a des doutes, mais qu'il ne sait pas réellement où se trouve Hamza. Mais Mélodie a beaucoup donné dernièrement dans le social, sa mère ne va pas prendre le relais. Je prends une grosse voix, qui ne ressemble plus à celle d'une maman poule, mais plutôt à celle d'une *mamma* italienne, forte de tout un clan massé derrière elle. Je le tutoie :

— Écoute-moi bien : après ton petit frère, j'ai eu ton père, et maintenant c'est toi qui appelles sur un téléphone personnel qui n'appartient pas à ma fille. Rhallas de la famille de Hamza ! Alors je te préviens, si tu veux qu'elle connaisse une descendance, ta famille, tu vas te démerder pour qu'il me rappelle au plus tard demain matin... Sinon, en plus de vous envoyer la DCRI[1] à Albertville, je vais aussi envoyer mes frères, et crois-moi mon petit, ils sont nombreux !

Je lui raccroche au nez, un rictus au coin des lèvres. Ça fait du bien de ne plus être Mélodie, la soumise apeurée... Le lendemain matin, j'apprends par ma hiérarchie que toute la famille de Hamza s'est mise sur liste rouge... Hamza est effectivement «recherché», car il a déserté la France depuis trois semaines ; la dernière fois qu'il a été localisé par les autorités, il se trouvait en Turquie. Depuis, c'est un fantôme qui

---

1. Direction centrale du renseignement intérieur, jusqu'au 12 mai 2014 où elle est devenue la DGSI, Direction générale de la sécurité intérieure, rattachée au ministère de l'Intérieur.

joue à cache-cache. Ces dernières informations ne tendent pas à nous rassurer. Soit Hamza est en Syrie, et donc je ne crains rien dans l'immédiat, soit il se trouve en France, et peut-être même à Paris. Nous n'en avons aucune idée. Tout un tas de numéros commençant par +591, +886 ou +216, les indicatifs syriens et turcs, ne cessent d'appeler. Je ne décroche pas.

À peine vingt-quatre heures plus tard, la majorité des quotidiens et des chaînes d'infos consacrent leurs gros titres aux « six personnes de vingt à trente-sept ans demeurant à Albertville, qui viennent d'être écrouées pour leur implication dans des filières de recrutement djihadiste en partance pour la Syrie »... Petite souris, où es-tu ? Nous sommes la veille du 1er mai, et je souhaite de toutes mes forces que tout cela ne soit qu'un très mauvais poisson d'avril en retard. J'ignore à ce moment-là que je suis sur écoute policière sur tous « mes » téléphones... Je ne l'apprendrai que trois semaines plus tard, quand mon nom apparaîtra à plusieurs reprises dans divers dossiers judiciaires de départs pour le Levant. Notamment celui de Vanessa, cette jeune fille enceinte de plus de six mois... Après mes échanges de textos avec elle, Bilel avait dit à Mélodie de ne plus compter sur Vanessa parce qu'elle s'était « dégonflée ». Effectivement, la jeune fille n'était plus joignable, ni par téléphone ni via Skype, elle qui était si pressée d'accoucher en Syrie. Nos échanges ont contribué à constituer un dossier solide pour que les autorités concernées la stoppent avant son départ. Par la même occasion, une importante filière de recrutement liée à la jeune fille a pu être démantelée.

Sans le vouloir, ni même le savoir, Mélodie accumule les ennemis. En apprenant le coup de filet d'Albertville, nous nous demandons tous, moi la première, si mon reportage a quelque chose à voir avec toutes ces concomitances. Depuis le début, j'oscille entre concours de circonstances et coïncidences. Et en matière d'enquête, la coutume veut que les coïncidences n'existent pas. Entre les menaces proférées par Bilel, l'histoire incompréhensible de Hamza, et maintenant ça, le journal me demande de déménager, et de changer au plus vite de numéro de téléphone. Je dois partir. Là, tout de suite. Maintenant. Si Daesh a fait le lien entre Mélodie et la journaliste et m'attribue cette série noire d'arrestations, alors là, ma vie va changer. Je n'y crois pas trop : des écoutes ont peut-être aidé la DCPJ, de là à être « celle » qui coule les filières de recrutement de l'EI, j'ai du mal à y croire... Néanmoins, je dois observer la plus grande prudence. Mon premier réflexe est de mettre quelques affaires dans un petit sac et de me réfugier chez mes parents. Je pensais dormir dans mon ancienne chambre d'adolescente une ou deux nuits maximum. Six mois plus tard, par intermittence, j'y retourne toujours.

Cinq jours plus tard

J'habite encore là-bas quand le couperet tombe définitivement. Ce matin le journal bouclait, avec mon papier, soigneusement soupesé par le service juridique. Pendant ce temps, je courais à l'ambassade du Nigeria, accompagnée de Charly, pour obtenir le plus rapidement possible des visas. L'enlèvement de plus de deux cents jeunes filles mineures à Chibok, un petit village de l'est du pays, par le groupe islamiste Boko Haram, suscite un émoi international. Il faut aller voir sur place. Mais Charly et moi comprenons vite que nous ne partirons pas. Les délais pour l'obtention d'un visa journalistique sont d'un mois... De toute façon, le directeur du journal qui avait décidé de nous envoyer sur ce reportage rappelle pour prévenir qu'il est hors de question que je me rende sur ce genre de terrain en ce moment... Je ravale ma déception, et pense : partie remise. À présent, il doit être 19 heures, il fait encore beau et l'air est chaud. Lou est venue passer l'après-midi avec moi. Nous paressons au soleil. Je me sens si légère... Tout va bien. Des numéros étranges continuent de m'appeler, mais rien de plus, et je n'ai plus voulu rentrer dans le monde numérique de Mélodie. Tout a été désactivé. Je ne sais rien, et je m'en porte très bien. Après-demain l'article paraîtra. Si rien ne bouge dans les jours qui suivent, je pourrai retourner chez moi, à une vie sociale et professionnelle normale. À la mienne, du moins. Lou souffle, comme moi, de son emploi du temps chargé. Nous rions de choses et d'autres quand la rédactrice en chef qui a supervisé mon reportage m'appelle. Je décroche sereinement, la voix enjouée. Elle répète plusieurs fois mon prénom, comme pour s'assurer que je suis bien au bout du fil et que je l'écoute attentivement.

— Anna, Bilel est mort.

Silence. Elle poursuit :

— Bilel est mort ! Tu te rends compte !

Non. Pas vraiment. La pauvre, sans le savoir, vient de me tirer brutalement du cocon dans lequel je vivais depuis quelques jours. Revoilà le tourbillon, ma tête et mon corps vacillent. Je me lève et marche sans savoir vers où, en tentant de me concentrer sur ce qu'elle m'explique. J'en retiens que David Thomson, très fiable journaliste de RFI, écrivain et spécialiste de l'intégrisme religieux, vient de tweeter l'annonce de la mort d'Abou Bilel al-Firansi. Au message est jointe une photo de Bilel de son vivant. Que je connais, d'ailleurs. David Thomson se trompe très rarement. Ma supérieure, et c'est normal, j'aurais sûrement réagi comme elle sur le moment, m'annonce «ça» d'un ton réjoui pour moi. La mort d'un homme, même si c'est un meurtrier, ne lui procure ni plaisir ni excitation. Mais elle pense à moi, et estime que cette nouvelle réduit considérablement, voire anéantit, les risques de représailles. Du coup, son ton, qui trahit sa bienveillance et son soulagement, est un peu exalté. Je ne dis rien. Elle perçoit mon malaise. Doucement, elle me demande si je vais bien. Je lui réponds que oui, je suis juste un peu secouée. Mais ça va passer. Je vais regarder si les amis virtuels de Mélodie en parlent. Je la tiens au courant. En rentrant dans l'appartement, je me demande quand les présages et les devenirs prendront fin pour de bon.

Lou a compris. Elle m'accompagne dans la cuisine afin de consulter le Net. Elle me conseille de ne pas le faire. Je suis à cran. Ma main droite tremble comme une feuille. Elle m'enlace et, pour la première fois depuis le début de tout ça, je craque. Lou sait pertinemment que je ne nourris aucun sentiment pour Bilel, mais elle me demande si sa mort me touche. Et c'est bien pour cela que mes larmes roulent sur mes joues, comme une gamine. Peu importe comment Bilel est mort, tant pis pour lui... En revanche le pourquoi est important. Si son décès soudain a trait, de près ou de loin, avec moi, alors là, je me méprise du rôle que j'ai endossé pour un reportage. Il est un dangereux assassin, mais moi non. Je ne souhaite pas avoir le moindre lien avec la mort d'un homme, quel qu'il soit... À cet instant, c'est comme si la peine de mort venait d'être rétablie pour lui, *par moi*. Après Mélodie, Umm Saladîne, la mère de Mélodie, j'ai l'impression d'être entrée dans la peau d'un bourreau sans jamais avoir cherché à endosser le rôle. Si son organisation a découvert que j'ai réussi à le piéger et à obtenir des infos, peut-être qu'elle l'a puni... Bilel a beau incarner tout ce qui me fait horreur, cette annonce me perturbe sacrément. Sans compter que la nouvelle commence à se propager – non pas que j'attende des messages de condoléances, bien sûr, mais je reçois un tas de textos me félicitant presque du brusque décès de mon « mari ». Aucun de ceux qui m'écrivent ne plaisante avec la mort, et tous pensent bien faire en m'adressant ces mots. Mais, de l'autre côté du téléphone, je ne vois pas quoi répondre. Je ne comprends déjà pas ce torrent de larmes qui coule de moi, et cette boule au creux du ventre qui me comprime en deux.

Un peu calmée, je me connecte depuis mon véritable compte Facebook où j'ai quelques contacts dans les brigades de l'EI. Il faut que je découvre comment Bilel est mort ; ça m'obsède. Selon le contexte de son décès, je comprendrai tout de suite si j'y suis liée ou non. Si ce n'est pas le cas, alors je ne ressentirai rien. Ou peut-être, comme mes proches, du soulagement... Pendant une ou deux heures, je parcours les pages de différents moudjahidines de Daesh. Beaucoup témoignent leur respect à « Abou Bilel al-Firansi qui depuis quinze ans a servi partout au nom d'Allah. Il était le Français le plus proche de notre calife Abou Bakr al-Baghdadi ». Notamment Abou Shaheed, un Français en Syrie emblématique de Daesh, maintes fois interviewé par des journalistes via Skype. Sa photo de couverture le montre quelque part là-bas, pointant du doigt l'objectif avec une arme. En dessous, cette légende : « Celle-ci vise directement la

DCRI ». Abou Shaheed est un leader très influent chez les djihadistes français. Sa réputation le précède largement. Quelques mois plus tôt, il avait fermé son compte, expliquant entre autres que la foi n'était pas compatible avec des occupations numériques et donc superficielles. Aujourd'hui, il a décidé de le réactiver pour annoncer la mort de son ami proche.

« Après les mensonges graves de Zawahri et de ses suiveurs, nous avons simplement fait confiance à Jahbat pour le cessez-le-feu. Résultat, ils nous ont attaqués sur plusieurs fronts et ont tué notre bien-aimé frère Abou Bilel al-Faransi alors qu'il assistait à une rencontre pour établir la paix avec Jahbat. Trahison, incompréhension et colère. Qu'Allah accepte notre honorable frère, un sucre dans ce monde au goût amer. »

Bilel qui « négocie la paix » ? Lui, un homme de paix ? On devrait le graver sur son épitaphe, près de celle de Nelson Mandela... Je dégringole dans un abîme un peu plus absurde de minute en minute. Sur YouTube et certains sites spécialisés, je trouve la vidéo d'une déflagration incroyable dont le titre indique que c'est ainsi qu'Abou Bilel a trouvé la mort. On y voit littéralement la terre se soulever. C'est impressionnant. On y apprend que l'explosion est due au Front al-Nosra, qui a piégé au préalable un tunnel ralliant la Syrie à l'Irak. Bilel y était venu « secrètement signer des traités [...], mais c'était en réalité une embuscade ». Qui au passage a tué un nombre considérable de civils habitant à côté... L'image fixe, qui doit durer moins de soixante secondes, est commentée par deux voix françaises qui se félicitent de la réussite du macabre piège. Effectivement, ça pourrait se tenir. Bilel a souvent mentionné ces souterrains secrets qu'il empruntait pour se rendre en Irak ou pour « rencontrer des gens importants ». Mais ce ne sont que des images, aussi violentes soient-elles, qui montrent une explosion. Aucun visage n'apparaît. Ni celui des bourreaux, ni ceux des morts... Impossible à vérifier. Soit Bilel est en effet véritablement mort, soit tout cela n'est qu'une supercherie... J'ignorais la proximité des deux hommes, Bilel et Abou Shaheed, mais je m'étonne de son insistance, comme celle de ses congénères, à répéter que Bilel « était le Français le plus proche d'al-Baghdadi ».

Comme je l'ai expliqué, les morts de Daesh sont pris en photo « sous leur meilleur angle mortuaire », avant que le cliché ne soit posté pour attester du nouveau martyr « désormais en paix ». Or, beaucoup parlent de Bilel, mais personne ne le présente dans sa dernière image, ce qui est très inhabituel... Ni même fier en tenue de belligérant, pendant ses années de gloire. L'unique photo qui circule réside en une capture de sa fameuse vidéo dans son 4×4, devenue dramatiquement célèbre. Bizarre. Que Bilel, couvert par sa milice, s'amuse à simuler sa mort ou qu'il se soit fait exécuter par les siens pour avoir trop parlé, je vais à l'encontre de gros problèmes. Si l'imposture de Mélodie a été découverte, elle est désormais soupçonnée d'être soit flic, soit journaliste. L'article sort après-demain... Les machines sont sûrement en train de l'imprimer à l'heure qu'il est. Mais non ! Je vais trop loin dans ma tête ! Avec des « si » on peut tout envisager. J'essaie de me rassurer : Bilel m'a divulgué des informations compromettantes mais pas de secrets d'État, et les horreurs qu'il m'a racontées avec délectation et force détails sont déjà en partie connues. Je lâche l'ordinateur, sur les conseils de Lou, elle aussi en plein désarroi, et nous partons dans ma chambre. L'habiter de nouveau m'oblige à un retour en arrière très étrange. Vivre tout cela ici, dans ce lieu où j'ai les meilleurs comme les pires souvenirs de ma vie, me donne le sentiment de chavirer. Comme si je ne reconnaissais plus aucun de mes repères, ou du moins comme si ma réalité était subitement altérée. Je n'arrête pas de me répéter intérieurement : *Mais qu'est-ce qui se passe ?*

Mon téléphone sonne toutes les cinq minutes. Curieusement, depuis le début de tout ça, c'est ce soir que Bilel, a priori involontairement, me contrarie le plus. Et ce n'est pas fini. Comme je ne réponds à personne, le bruit s'est vite répandu que Lou se tenait à mes côtés. C'est elle que l'on harcèle maintenant. Quand la rédactrice en chef rappelle, elle panique et me passe l'appel. Cette dernière m'informe à présent que Bilel n'est pas mort.

J'ai déjà dit que j'avais le tournis ?

Ses contacts trouvent ça trop gros, et David Thomson a retiré son tweet. Il faut le contacter. Savoir ce qu'il en est. Elle me propose de s'en charger pendant que j'essaie de mon côté de démêler le vrai du faux sur le Net, entre autres. Toute la soirée se déroule ainsi. À des allers-retours entre la cuisine, la seule pièce de l'appartement qui capte, et mon ancienne chambre. Lou et moi enchaînons les coups de fil, scrutons le Net et les dépêches AFP. Très gentiment, David Thomson, mis au courant de «mon cas», m'appelle. S'il a retiré le tweet, c'est parce que les parents de Bilel le lui ont demandé. David ne savait même pas que ces gens suivaient ses publications. Il a accédé à leur demande par respect pour eux. Néanmoins, il me confirme le décès du djihadiste. Il est formel. La source qui l'a renseigné est sur place, et ne lui a jamais menti jusqu'ici. Bon... Et maintenant ?

Lou me quitte tard, soucieuse de me laisser seule face à la confusion. Je présume que la journée du lendemain s'éternisera. Les différentes hypothèses de toutes les personnes à qui j'ai parlé ce soir s'entrechoquent dans ma tête. Je ne sais quoi penser. Je prends un somnifère pour que cette journée s'achève enfin.

Mardi

Je suis réveillée très tôt par le téléphone. Les appels se succèdent. Tout de suite après m'avoir demandé : « Alors il est mort ou pas ? », on m'assène : « Tu n'es pas énervée qu'il ait une femme et des enfants ? » C'est le cadet de mes soucis. Je réponds à peine. Surtout, je le savais...

Il y a environ deux semaines, une femme s'est adressée à Mélodie sur Facebook. Étrangement, cette bonne âme arrivait à lui envoyer des messages privés, alors qu'elles n'étaient pas « amies » sur le réseau social. Si l'on veut contacter une personne qui n'est pas dans notre liste d'amis, les mails tombent automatiquement dans les spams, que personne ne consulte jamais. Les seuls qui détiennent le pouvoir d'adresser un message privé à quelqu'un qui n'est pas dans leur liste soit travaillent chez Facebook, soit sont des représentants de l'État, qui pour les besoins d'une enquête se cachent derrière un profil... Le plan Cazeneuve commence juste d'être appliqué au moment où Mélodie reçoit ce message. À un moment où elle multiplie les posts concernant le «Sham», cette femme qui se présente comme s'appelant Fatima vient poser des questions étranges à ma marionnette numérique... Déjà, je ne peux compter le nombre de fautes d'orthographe commises par ligne, un peu comme quand Mélodie s'adresse à Bilel. Mais, bizarrement, elle réussit parfaitement des accords grammaticaux complexes. Elle m'appelle « ma sœur» et dit habiter en Tunisie. Elle aurait vingt-huit ans. D'accord, mais que veut-elle à Mélodie ? Elle parle tout de suite de Bilel. Tiens... Le monde est décidément petit... Ça tombe bien, il est lui aussi connecté en plein après-midi, et envoie des kyrielles de petits cœurs à Mélodie. «Pourquoi tu me parles de Bilel?» demande Mélodie à Fatima. Cette dernière répond du tac au tac qu'elle compte partir en Syrie, mais qu'elle hésite maintenant qu'elle sait qu'elle ne demeure que le deuxième choix de Bilel. Il épousera d'abord Mélodie, puis Fatima par la suite. La polygamie la répugne. Elle dit au passage : «C'est dommage parce qu'il est vraiment trop beau gosse! Mais il le sait, il en joue trop.» Bien plus agacée que vexée, Mélodie demande à Bilel qui est cette Fatima qui prétend être sa future femme? Il répond par des «PTDR», en lui disant de ne pas faire attention «aux sœurs jalouses». Je reprends la conversation avec Fatima, et lui demande comment elle a connaissance de tout cela, et surtout pourquoi vient-elle me le dire? Fatima est confuse. Elle me dit être malade, et donc ne pas être sûre de faire son djihad. Et puis, de toute façon, c'est dangereux d'aller là-bas. Elle change de ton et s'exprime de mieux en mieux : Bilel est dangereux.

Se rendre en Syrie, encore plus. Elle renonce à son dji-had, et je devrais suivre son exemple. Pour la première fois dans cette aventure, quelqu'un conte enfin la Syrie à Mélodie telle qu'elle est réellement. Mélodie lui demande pourquoi, vingt minutes auparavant, elle vou-lait épouser Bilel et partir le retrouver, et semble main-tenant avoir radicalement changé son fusil d'épaule. Fatima botte un peu en touche et me demande si l'on peut se skyper. Elle me donnera alors les réponses. Elle semble inquiète pour moi et répète plusieurs fois mon prénom, en me déconseillant de me rendre «dans cet enfer». Avant de lui répondre, j'ai bien entendu envie de «torturer» à ma façon Bilel. Mélodie va lui faire sa première crise de couple... Ça pimente toujours un peu un début d'histoire. Elle s'adresse à lui plus ferme-ment, et lui fait part de sa déception. Pendant que la sœur de Tunisie lui raconte des horreurs sur lui...

— MDR! J'suis sûre que c'est une sœur de Roubaix! Elle t'embrouille parce qu'elle voudrait être à ta place... Tu vas être la première femme d'Abou Bilel al-Firansi...

Roubaix? Jusqu'ici Bilel – Rachid – a toujours prétendu être né à Paris. Tiens... Je reprends Fatima. Mélodie lui assure qu'elles se skyperont, mais elle voudrait savoir une chose avant : où est né Bilel? Fatima ne sait pas. En tout cas, ce qu'elle peut m'af-firmer, c'est qu'il est recherché judiciairement et qu'il a déjà trois femmes. Deux converties, dont une de vingt ans, et sa première femme française, de confession mulsulmane, de trente-neuf ans... Waouh! C'est définitivement une journée passionnante. J'embête encore un peu Bilel, qui sans s'en rendre

251

compte lâche à Mélodie des détails sur son double à lui : Rachid. Par la suite, ils me seront très utiles, et pas uniquement à moi... Bilel continue de soutenir qu'il n'a aucune femme ; il n'a « jamais été marié » ! J'étais au journal, je m'empresse de rentrer chez moi, car je veux vraiment avoir cette conversation avec Fatima via Skype, mais je n'ai pas emporté mon voile aujourd'hui. J'émets des doutes quant à sa réelle identité, mais ce n'est qu'un feeling. Mieux vaut être prudente, et me dévoiler un minimum. Trois quarts d'heure après, de retour chez moi, quand Mélodie est prête, le compte Facebook de Fatima a disparu. Il est inscrit sur nos messages, à la place de son nom : « Utilisateur introuvable »... Je n'ai plus jamais entendu parler d'elle. Était-elle, bien que visiblement dérangée, une bonne âme ? Ou bien répondait-elle aux mesures du plan Cazeneuve ? Encore une fois, je n'ai jamais pu obtenir une réponse...

Les appels se multiplient tout au long de la matinée, notamment ceux du journal. Partie me balader avec mon chien dans le parc voisin, je filtre la plupart. À midi, la rédactrice en chef me rappelle. Elle ne souhaite pas que je me trouve à Paris au moment de la parution de l'article... Quelques heures plus tard, je voyage à ses côtés, le nez collé aux nuages que reflète mon hublot. Elle m'emmène quelques jours chez des gens qu'elle connaît « très bien ». L'endroit est à couper le souffle. Les oliviers, les pins et ce vert à l'infini libèrent instantanément une partie de mes angoisses. Je respire si bien, ici... Cette propriété me semble irréelle. L'intérieur, l'extérieur, tout est si majestueux, si grand. Les gens qui me reçoivent, et qui ne me connaissent pas, me témoignent une telle gentillesse, une telle douceur... Dehors, je me promène au milieu des poules, des ânes et des chevaux, escortée par des chiens et une *bodyguard* de moins de cinq ans aux boucles blondes. Personne ne se prend au sérieux, ici. Comme cette sensation est agréable... Cette petite fille, justement, me réveille chaque matin aux aurores, quelques heures à peine après que j'ai réussi à m'endormir. Quand j'ouvre les yeux, désorientée, je découvre en face de moi son regard espiègle. Celui d'une enfant coquine, innocente et pure. Une vision qui reflète exactement l'inverse du mois que je viens de vivre. Pourtant, même dans ce paradis, je ressens toujours cette impression de me regarder d'en haut. Comme si mon corps et mon esprit s'étaient détachés. Je dois tout de même quelques explications à mes hôtes tombés du ciel. Alors je raconte. Puis je pars donner à manger aux chevaux. Avant de retourner voyager dans les méandres du Net à la recherche du moindre indice. Je retourne voir les poules. Je réponds à d'autres questions. Et ainsi de suite... La mort, Bilel, l'avenir, le présent, déménager, cette petite fille, les animaux, les anges gardiens que je viens de rencontrer, ma famille et mes amis loin de moi, tout cela tourbillonne dans ma tête. Rien ne se ressemble. Aucune réalité n'est similaire. Je suis dans un manège qui tourne à toute allure. Je pourrais sauter du cheval de bois, et me délivrer de ce tournis. Mais c'est comme si j'étais bloquée. Ou que l'on me bloquait.

Huit mois plus tard

J'aimerais être en mesure de livrer une morale à cette histoire... Mais comment tirer la morale de l'histoire quand on ne sait pas si celle-ci est finie ? L'épée de Damoclès, plus que jamais, est suspendue au-dessus de ma tête. Une menace invisible et imprévisible m'auréole. Ou aucune. Je me pose toujours un maelström de questions, qui ont trouvé très peu d'échos. Peut-être que si je devais choisir quelques mots pour résumer, je les volerais à Franklin Roosevelt : « Si j'étais chargé de classer les misères humaines, je le ferais dans cet ordre : la maladie, la mort, *le doute.* » Le philosophe allemand Nietzsche explique que c'est la certitude et non le doute qui tue. Dans mon cas, c'est le contraire. Mes incertitudes et les conséquences de mes actions m'enferment dans une prison mentale, dont seule une réalité bardée de convictions intangibles pourrait me délivrer. Depuis huit mois, ce 5 mai 2014 ne demeure qu'un éternel recommencement. Je ne compte plus le nombre de déclarations que différentes brigades policières ont dû me demander de rabâcher. Je ne les ai jamais sollicitées ; les autorités sont toujours venues vers moi. La DCPJ et un juge antiterroriste, aussi, ont dû m'entendre après que ma réelle identité a commencé à revenir dans plusieurs de leurs dossiers...

Mélodie a voulu aider quelques âmes dont elle pensait qu'elles lui ressemblaient, et aujourd'hui Anna en paie les pots cassés. J'ai dû changer de numéro de téléphone à deux reprises, à la demande des autorités, qui craignaient que l'on puisse retracer mon adresse et mon identité. Je ne vis plus chez moi. Les journaux pour lesquels j'avais l'habitude d'écrire à ce sujet m'interdisent, « pour ma sécurité », de travailler de près ou de loin sur l'État islamique et ses filières. Les mesures de sécurité sur certains de mes lieux de travail ont été drastiquement renforcées, en même temps que de très jeunes filles en burqa intégrale, accompagnées d'hommes beaucoup plus âgés et jamais vues dans les parages jusque-là, ont commencé de poser des questions étranges à l'accueil. Les menaces se sont accentuées, aussi. Comme j'ai dû retirer toute existence virtuelle à Mélodie sur Facebook, je peux uniquement consulter Skype. Les autorités m'ont demandé de conserver ce compte dans le cadre de différentes enquêtes, et surtout pour suivre la progression des tentatives d'intimidation à mon encontre. Bien entendu, je ne m'y connecte que très rarement. J'y trouve chaque fois des atrocités. Elles ont démarré cet été, quand j'étais en reportage en Amérique du Sud. Depuis le compte de Bilel, une personne prétendant être sa femme me profère de longs monologues de haine en m'insultant sur tous les tons. Surtout, elle y répète sans cesse : « Alors, connasse, qu'est-ce que ça fait d'avoir voulu faire un reportage sur un terroriste, et d'en être tombée amoureuse ? » Drôle d'interprétation. Est-ce vraiment une des femmes de Bilel ? Une énième torture du guerrier qui ne serait pas mort ? Vous devinez ce que je vais répondre, je crois : je ne sais pas.

Les multiples cellules policières ont classé Rachid X., dit Abou Bilel al-Firansi, « vivant ». Ils n'ont à ce jour aucune preuve de sa mort, mais détiennent sur lui un casier judiciaire long comme le bras. Au début, ils n'arrivaient pas à l'identifier. Puis je leur ai parlé de Roubaix... Là, ils ont tout de suite remonté la piste de l'individu. Ils avaient, jusqu'à ce que j'entre en collision avec eux, perdu sa trace depuis son départ pour la Syrie. Avant cela, il a commis de nombreux délits allant du vol aux braquages. Il a été jugé et écroué plusieurs fois par contumace. Depuis 2003, il était un membre très actif qui luttait contre l'invasion américaine en Irak. C'est là qu'il a connu Abou Bakr al-Baghdadi. Puis, entre 2009 et 2013, après de longs séjours en Afghanistan d'abord, afin de perfectionner ses techniques de guérilla, puis au Pakistan et enfin en Libye au moment de la chute de Kadhafi, il est rentré chez lui à Roubaix. Sans que personne le sache... Il a refait surface sur les radars fin 2013, lorsqu'il a été localisé en Turquie. Il a effectivement trois femmes, de vingt, vingt-huit, et trente-neuf ans sur place à ses côtés. Il est le père d'au moins trois garçons de moins de treize ans, dont les deux aînés se trouvent déjà sur le front en Syrie. Il est étroitement lié à al-Baghdadi. Mais aussi à Souad Merah, la sœur fanatique du tueur au scooter.

Je n'ai plus jamais eu de contact direct avec Bilel. Dernièrement, alors que j'étais en reportage à l'autre bout du monde, un ami journaliste m'a appelée pour me dire que, de «source sûre à cent pour cent», une fatwa[1] était lancée contre moi. C'est la énième fois que l'on m'apprend cela. J'ai éprouvé quelques craintes parfois, mais je ne me suis jamais sentie suivie ou surveillée. Pourtant cet ami, je le sais, ne m'aurait pas dit cela s'il n'était pas certain de ce qu'il avançait. Alors j'ai passé des heures à fouiller le Net, délaissant mon travail actuel. J'ai fini par tomber sur une vidéo me concernant. Je me suis découverte voilée sur mon canapé. C'est, j'imagine, une capture d'écran réalisée par Bilel... Il n'y a pas de son. Simplement des animations représentant un démon et un texte en arabe, traduit en dessous en français. Je n'ai regardé cette vidéo qu'une fois. Je ne la reverrai, je pense, jamais. Mais je me souviens mot pour mot de ce qui y était inscrit :

Mes frères à travers le monde, appel à la fatwa sur cet être impur qui s'est moqué du Tout-Puissant. Si vous la voyez n'importe où sur terre, respectez les lois islamiques et tuez-la. À la condition que sa mort

---

1. Avis religieux donné par un mufti, interprète du droit canonique musulman. Le terme s'est banalisé, signifiant le plus souvent l'appel à la vengeance commune de musulmans sunnites envers une ou plusieurs personnes.

soit lente et douloureuse. Qui moque l'islam en paiera les conséquences par son sang. Elle est plus impure qu'un chien, violez-la, lapidez-la, achevez-la. Inch'Allah.

Alors, qu'est-ce qui est le pire, entre le doute et la certitude ?

Le 6 juin 2014, Daesh, mené par Abou Bakr al-Baghdadi, a lancé officiellement sa première offensive en Irak en frappant la deuxième ville du pays, Mossoul. Après quatre jours de batailles intensives, l'organisation terroriste s'en est emparée totalement, avant d'y imposer la charia.

Le 29 juin, Abou Bakr al-Baghdadi s'est auto-proclamé calife de l'organisation État islamique, changeant une nouvelle fois de nom pour devenir Ibrahim, l'un des cinq plus importants prophètes de l'islam. Bien qu'il se revendique à la tête de tous les musulmans sunnites du monde, seuls d'autres groupes terroristes lui ont prêté allégeance. La plupart des autorités musulmanes à travers le monde ne le reconnaissent absolument pas en tant que tel.

Le 8 août, Barack Obama a autorisé les premières frappes aériennes en Irak.

Depuis le 24 septembre, une coalition internationale d'au moins vingt-deux pays, conduite par les États-Unis, mène une offensive aérienne en Irak, ainsi que plus récemment en Syrie, contre l'organisation État islamique.

Aujourd'hui, on estime à 15 000[1] le nombre de combattants étrangers venus grossir les rangs de Daesh depuis 2010.

Parmi ces nationalités de quatre-vingts pays différents, on dénombre officiellement 1089 Français, issus de 87 départements.

120 sont rentrés, 40 ont trouvé la mort sur place.

Officieusement, l'organisation État islamique compterait entre 35 000 et 45 000 belligérants. Les Français sur place seraient au moins deux fois plus nombreux que ne l'annoncent les chiffres gouvernementaux.

Lola n'a plus donné signe de vie.

Vanessa a accouché en France, où elle vit actuellement.

Chaquir Maaroufi, dit Abou Shaeed, est mort «au combat» le 1er juin dans une offensive à Deir Ezzor, en Syrie.

Abou Abda Llah Guitone, dit Guitone, a été tué le 25 juillet sur la base de la division 17 au nord de Raqqa, le QG de Daesh.

---

1. Source la plus récente: *The Guardian*, novembre 2014.

Hamza et sa famille n'ont plus jamais tenté de contacter Mélodie ou ses proches.

Abou Mustapha a bloqué l'accès de ses comptes internet à Mélodie. C'était un proche d'Abou Bilel.

Rachid X., dit Abou Bilel al-Firansi, est toujours classé « vivant » par les différents services de sécurité intérieure et extérieure français.

Crédits

Page 33, «Petit frère», IAM. Paroles : Akhenaton, Shurik
N. Musique : Akhenaton, Pascal Perez. © BMG VM
Music France, Côté obscur.

Page 78, «T.S.», Diam's. Paroles : Diam's. Musique :
Tefa, DJ Maître. © Universal Music Publishing MGB
France, Because Editions, Kilomaitre Publishing.